YENİ BAŞLAYANLAR İÇİN

Tezhip

-1-

BİTKİ MOTİFLERİ
ÇİNTEMANİ • MÜNHANİ • ZENCEREK

HACER SÖNMEZ

inkılâb
basım yayım

Babam Yusuf Sönmez'in azîz hâtırasına...

Hacer Sönmez

İÇİNDEKİLER

ÖNSÖZ

İnsanlar, kıymet verdiği nesneleri süslemeye meyyal olarak yaratılmıştır. Bu nesne bazen bir yapı, bazen bir giysi, bazen de bir kitap olabilir. Kadim medeniyetimizin tevhid anlayışının bir tezahürü olarak ortaya çıkan üslûplaştırma tekniği ile asırlardır işlenerek en olgun ve klasik formlarına ulaşmış olan tezhip sanatımızın öğretilmesi ve yaşatılması için yakın zamandan günümüze kadar çok gayret gösterilmiştir. Bu gayret meşk usûlü ile usta-çırak ilişkisi içinde yürüyüp giderken bir kılavuz kitaba hep ihtiyaç duyulmuştur.

Kelime manası altınlamak olan tezhip, geleneksel sanatların bir dalı olarak günümüze kadar gelmiştir. Yüzyılları aşan tarihiyle bu sanat olduğu yerde durmamış, sürekli gelişmeyi sürdürmüştür. İlk örnekleri İslâm öncesi dönemlerden itibaren görülmeye başlamış olup en verimli dönemi ise Osmanlı devridir. Uzak doğuya ve batıya has sanat akımlarından da beslenerek sürekli şekillenen, yaşayan bir sanat dalı olan tezhip, günümüzde de özgün örnekleriyle sonraki nesillere aktarılmaya devam etmektedir.

Biz de bu safhada kendi tecrübelerimizi paylaşarak bu aktarıma katkıda bulunmak istedik. Elinizdeki kitapta, tezhip sanatının kavramları, tasarım ve kompozisyon için gereklilikleri gibi bilgilerin temel seviyede bulunmasını amaçladık. Böylece pek çok sanatseverin kendi orijinal eserlerini oluşturabileceğini düşündük.

İlk bölümde bu sanatın tanım ve kısa tarihçesi ile kullanılan âlet ve malzeme bilgisine yer verilmiştir. Uygulama bölümü ise öğrencilerimize bu sanatı öğretirken kullandığımız metodun çizim ve görsel malzemeyle izahından ibarettir. Uygulama bölümünde sırasıyla çizgi, yaprak, penç, goncagül, hataî, çintemani, kompoziyon ve özellikleri, cetvel-zencerek, tığ, münhani ve yarı üslûplaştırılmış çiçek desenlerinin tarif, çizim ve renklendirmelerinin nasıl yapıldıkları klasik tezhip anlayışımızın örnekleriyle bu sanatın uygulama alanları da örneklenerek açıklanmaya çalışılmıştır.

Kitapta yer alan öğretim metodu Topkapı Sarayı ekolü esas alınarak hazırlanmıştır. Sanatta ilk adımlarımızı attığımızdan bu yana bana desteklerini esirgemeyen Saray hocalarım Semih İrteş, Mamure Öz, Serap Bostancı, Sevim Kayaoğlu, Birsen Gökçe ve Recep Cengiz'e hadsiz teşekkür ederim. Bu kıymetli hocalarımdan edindiğim birikime ilave olarak öğrencisi olmakla gurur duyduğum hocam Arda Çakmak'a da bize kattığı tüm değerler için ayrıca şükranlarımı sunarım.

Bu yolculukta bize destek olan başta İnkılâb Yayınları yayın müdürü Hasan Güneş Bey olmak üzere sanat danışmanımız Ömer Faruk Dere'ye, grafik tasarımını yapan Semih Taneri Bey'e, malzeme desteği sağlayan Özkan Tiryaki Bey'e, kurumumuz İSMEK'e ve emeği geçen herkese teşekkürü bir borç biliriz.

Çalışmamız, tezhip sanatının öğretilmesinde bir nebze olsun hizmet ederse hadsiz mutluluk duyacağız. Gayret bizden başarı Hak'tandır.

Hacer Sönmez
Ocak 2018, Beykoz

[Hat: Abdullah Aydemir, Tezhip: Hacer Sönmez]

Mushaf zahriye sayfası. SSM 100-0278-AK

Tanım ve Tarihçe

Sanat ve inanç insanlık tarihi boyunca hep iç içe olmuştur. İnsanlar bina yapımında tüm maharetlerini ibadethane yapımında gösterirken, en güzel yazıyı ise kutsal metinlerin yazımında kullanmışlardır. Kitap sanatlarının merkezinde yer alan yazı sanatı ile de yetinmemişler onu daha da kıymetli hale getirecek her türlü süsleme unsurunu kullanmışlardır. Klasik Türk-İslam süsleme sanatlarının en önemlilerinden biri olan Tezhip sanatı da Hat güneşinin etrafında adeta uçuşurcasına onunla kader birliği etmiş bir kitap süsleme sanatıdır.

Orta Asya'da zuhur eden, ipek yolu ile Selçuklularla İran sahasına, oradan da Anadolu'ya ulaşmış olan tezhip sanatımız, fethedilen topraklardaki zengin birikimle buluşarak ve farklı üsluplarda gelişerek varlığını sürdürmüştür. Uzakdoğu ve İran sahasından zaman zaman gelen tesirler, Beylikler dönemi üslupları ve klasikleşen Osmanlı sanat zevkiyle birlikte XVI. yüzyılda en üst seviyeye ulaşmıştır.

Devamlı olarak soyuta yönelmiş İslâm sanatlarında, nesneleri tasvirde kullanılan en önemli metod stilize etmektir (üslûplaştırma) Üslûplaştırma objelerin tabiattaki şekillerinin şematikleştirilip yalınlaştırılarak resmedilmesine denir. Nesne, karakterine bağlı olarak, amaca uygun biçimde yalınlaştırılır. Böylece eşyanın karakteri daha yalın, daha mânalı ortaya konmuş olur. Tabiattaki görünümleri üslûplaştırılarak çizilen bitki kaynaklı motiflere "hatâyî grubu" denir. Bu motifler çıkış kaynağını koruyacak kadar sade ve küçük boyutta üslûplaştırılmıştır. Yaprak motifi, çiçeklerin kuş bakışı görünüşünün üslûplaştırılmasıyla çizilen penç, az gelişmiş ve gelişmiş çiçeklerin dikine kesitinin üslûplaştırılmasıyla elde edilen goncagül ve hatâyî bu gruptandır.

Tezhipte bitki çıkışlı motiflerin bir kısmı çiçeklerin dış görünüşlerinin tamamının değil bir kısmının üslûplaştırılmasıyla ortaya çıkmıştır. Bu motifler hatâyî grubuna göre daha az stilize edildiğinden karanfil, lâle, gül, siklamen ve menekşe olduğu gibi adını korumuştur. 16. yüzyılın ortalarında büyük tezhip sanatkârı Şahkulu'nun talebesi ve dönemin sernakkaşı müzehhip Kara Memi (Kara Mehmed Çelebi), bu motifleri dalında yaprağı ile tezhip desenlerine sokarak kendi ismiyle anılan yeni bir üslûbu başlatmıştır. Kısmen üslûplaşmış serviler, bahar açmış veya meyve vermiş ağaçlar da 16. yüzyıl Kara Memi üslûbunun devamıdır. 18. yüzyılın ilk çeyreğinden itibaren motif özelliğini kaybetmeye başlayan çiçekler daha ziyade minyatür özelliği kazanarak şükûfe adıyla Türk tezyinî sanatlarında çok yaygın biçimde kullanılmıştır.

Bitki çıkışlı motiflerin yanında hayvan figüründen türetilen motifler de önemli bir yer tutar. Hayvanî çıkışlı motifler iki gruptur. Bunlar Orta Asya'dan gelen sîmurg (zümrüdüanka), ejder ve kilin (ejder atı) gibi tamamen hayal ürünü hayvan motifleriyle geyik, ceylan, aslan, pars, tavşan, kuş, balık, leylek gibi kısmen üslûplaştırılarak kimliğini ve adını korumuş hayvan motifleridir. İran ve Orta Asya süsleme sanatlarında çok kullanılan bu motifler Osmanlı kitap sanatlarında, özellikle dinî yazmalarda, âyet ve hadis yazılı levha bezemelerinde yer almamış, daha çok minyatürlerde veya yazısız pano biçimindeki halkârî ve ruganî (lake) desenlerde görülmüştür. Münhanî ve rûmî motiflerinin de hayvanların gövde, bacak ve kanatlarının üslûplaştırılmış şekli olduğu kabul edilmektedir. Bu motiflerin hayvanî veya nebatî kaynaklı olduğu hususu tartışılmakla beraber münhanî tamamen eğri çizgilerle şekillenmiş, 12., 13. ve 14. yüzyıl kitap bezemelerinde çok yaygın biçimde kullanılmıştır.

Rûmî motifi, tarihi Orta Asya'ya kadar uzanmakla birlikte ismini Rum (Anadolu) kelimesinden alır. Bu motif biçimine göre hurdeli, işlemeli, dilimli, sarılma (pîçîde), sencîde, desen içinde kullanılış amacına ve yerine göre ise ortabağ, tepelik, ayırma, hurde rûmî gibi isimler alır.

Tezhip desenlerinde çokça rastlanan bir diğer motif buluttur. Çin sanatından geldiği için adına Çin bulutu da denir. Orta Asya'da ejderhanın ağzından çıkan öfke veya gazabın sembolü olarak kullanılmış, fakat 15. yüzyılda Türk sanatına girdikten sonra daha natüralist bir anlayış içinde gökyüzündeki bulut düşünülerek çizilmiştir. Bulut motifinin desen içindeki yerine ve biçimine göre yığma bulut, dolantı bulut, ayırma bulut, ortabağ, gerdanlık, tepelik, hurde bulut gibi isimlerle bilinen çeşitleri vardır.

Tezhipte az kullanılan ve kaynağı hakkında çeşitli görüşler ileri sürülen üçgen biçiminde üç daire ve iki dalgalı çizgiden meydana gelen çintemaninin bazan sadece üç yuvarlak benek halinde veya beneklerin içine daireler çizilerek hilâl şeklinde, bazan da şimşek, bulut, dudak veya kaplan postu şeklinde yorumlanan dalgalı çizgilerin tek olarak kullanıldığı bilinmektedir.

Tezyinî sanatlarda kullanılan desenler kuruluş biçimleri bakımından pano özelliği taşıyan desenler, ulama (raport) desenler, geometrik (hendesî) desenler diye üç grupta toplanır. Pano özelliği taşıyan desenler sınırı belirlenmiş bir alan içinde başlar ve biter. Bu desen tipi kuruluş biçimine göre simetrisiz (serbest), simetrili, dönme hareketi gösteren desenler (çarkıfelek tarzında) olmak üzere çeşitleri vardır. El yazması kitapların zahriye, serlevha, sûre başı, fasıl başı tezhiplerinde çoğunlukla simet-

Sultan Üçüncü Ahmed'in kendi hattı ile Tuğra. Murakkaa-ı Has. TSMK A. 3653

rili pano desenler tercih edilmiş, buna karşılık keşîde üstü, satır arası gibi yazı boşluklarında serbest desenler kullanılmıştır.

12., 13. ve 14. yüzyıllarda bütün İslâm ülkelerinin kitap sanatlarında ve diğer bezemelerde hâkim olan geometrik desenler ister pano özelliği taşısın, ister ulama tarzında düzenlenmiş olsun kuruluşundaki geometrik düzen en önemli ve hâkim özelliğidir. Desende motiflerin yerini geometrik şekiller almıştır. Tasarımı iki boyutlu geometri kurallarına dayanır. Merkezde bir noktadan başlayarak pergel ve cetvelle belirlenen çekirdek şekil, eşit açılar ve paralel kaydırılan doğrular yardımıyla geometrik düzen içinde genişler. Devrinin sembolü haline gelmiş olan geometrik üslûp tezhip desenlerinin pafta ayırımlarında da kullanılmıştır. Paftaları ayıran şeritler birbirini alttan ve üstten geçip desene zenginlik kazandırır. El yazması kitapların, kitap kabı bezemelerinin, zahriye, serlevha, sûre başı tezhiplerinin desenlerinde bu üslûbun mükemmel örneklerine rastlanır. Geometrik düzenle çizilen desenlerin bir kısmı aynı kalınlıktaki şeritlerin bir alttan, bir üstten geçerek çeşitli örgü şekillerini temsilen tasarlanır. Farsça'da "küçük zincir" mânasına gelen zencirek erken devir kitap bezemelerinde dönemin sembolü olacak kadar çok kullanılmıştır. Günümüzde bu bezeme tarzına "zencerek" veya "geçme" de denilmektedir. Bu şekillerin, kaytan adındaki otağı halatlarının örgülerinden ilham alınarak bezeme amaçlı mimaride kullanıldığı ve bu yoldan kitap sanatlarına da girdiği kabul edilmektedir. 16. yüzyıl Osmanlı tezhibinde geniş alanlar için tercih edilmeyen bu üslûp ara sularda (iç pervaz) ve desen içinde pafta ayırımlarında, hatta tığlarda bağlayıcı veya yardımcı unsur şeklinde yer almaya devam etmiştir.

Tezhipte Üsluplar ve Temsilcileri:

Tarih boyunca belirli bölge ve şehirler refah ve kalkınmışlığın merkezi konumunda olmuşlardır. Bu yüksek hayat seviyesi beraberinde sanatın da yükeslmesini, maharetli pek çok sanatçının da uzaktan yakından bu merkezlere toplanmasını sağlamıştır. Böylece sanatta bölge veya sanatkâr isimleriyle anılan üsluplar ortaya çıkmıştır. Tezhip sanatında da belirli üsluplar bulunmaktadır. Bu üslupları kısaca tanımakta fayda vardır.

Timurlular Devri Tezhip Üslûbu: Timurlular devri tezhip sanatının desen ve işçilik bakımından en yüksek seviyede eserlerin gö-

Cild kapak içi halkâr tezhip. Murakkaa-ı Has. TSMK A. 3653

rüldüğü bir dönemdir. Kendileri de sanatkâr olan Timurlu hükümdarları saray bünyesinde kütüphane ve nakkaşhâne kurarak İslâm kitap sanatlarının gelişmesine imkân sağlamıştır. Herat'ta sarayın destek ve himayesiyle hat, tezhip, minyatür ve cilt sanatlarının en muhteşem eserleri ortaya çıkmış, yeni üslûplar oluşmuştur. Bu üslûbun önde gelen sanatkârı müzehhip ve musavvir Hâce Ali Tebrîzî'dir.

Selçuklular ve Beylikler Devri (Konya) Üslûbu: Konya merkez olmak üzere Türkler'in Anadolu'ya yerleşmelerinin ardından sanat faaliyetlerine ve kitap sanatına ilginin arttığı bilinmektedir. Özellikle *Mesnevî* bezemelerinde devrin müzehhipleri bütün hünerlerini ortaya koymuştur. Bunların en eskisi 677 (1278) tarihlidir ve müzehhip Muhlis b. Abdullah el-Hindî tarafından bezenmiştir (Konya Mevlânâ Müzesi, nr. 51). Bu *Mesnevî* bezemesi zengin renkler ve özgün tasarımlarla hazırlanmış olup sonraki dönemlerde de süren birçok yeniliğin öncüsü olmuştur. Karaman ve Germiyan beyleri 14. yüzyılın ilk yarısında kitap sanatlarına ilgi duymuş ve sanatkârları himaye etmiştir. Satırlar arası bezemesiyle zencirek kenar sularının sıkça kullanılması, genelde rûmî ve münhanî motiflerinin tercih edilmesi Beylikler devri tezhibinin öne çıkan özelliklerindendir.

Karakoyunlu ve Akkoyunlu Dönemi Üslûpları: Karakoyunlular, Kara Yûsuf hükümdarlığında Horasan ve Azerbaycan dolaylarına yayılarak bir devlet kurmuş ve tezhip sanatında müstesna eserler ortaya koymuştur. Bunlar arasında dikkati çeken *Dîvân-ı Kâtibî* (TİEM, nr. 1987), Pîr Budak Sultan'ın hazinesi için 860 (1456) yılında hazırlanmış, kabı ve tezhibi, desen, işçilik ve renk olgunluğu ile devrinin en mükemmel eserlerinden biri olarak kabul edilmiştir. Akkoyunlu dönemi yazma eserleri içinde tezhibi, minyatürleri ve sanatlı kabıyla *Şâhnâme-i Firdevsî* (TİEM, nr. 1978) önemli bir yer tutar. Sultan Ali Mirza adına Şîraz'da Türkmen üslûbunda iki cilt halinde hazırlanmıştır. 1475-1500 yılları arasına tarihlenen yazma, kabı, minyatürleri ve tezhibiyle Safevî devri öncesi kitap sanatlarının doruk noktasını teşkil etmektedir.

Osmanlı Baba Nakkaş Üslubu: Fâtih Sultan Mehmed devrinde hazırlanan yazma eserlerde görülen bezeme üslûbu Baba Nakkaş üslûbu diye tanınır. Bu üslûbun özellikleri iri ve ayrıntılı çizilmiş hatâyî motifinin yoğun kullanılması, sade ve küçük yaprakların bulunması ve desen içinde zemine serpiştirilmiş küçük bulut parçalarının yer almasıdır. İri hatâyîlerin kendi üstüne katlanan taç yapraklarında üç boyutlu görüntüleri bu döneme has bir özelliktir. Motifler içinde yekberk sıkça yer alır. Desenlerde rûmî motifi yoğun biçimde kullanılmıştır.

Osmanlı Saz Yolu: Osmanlı sanatında uzun bir dönem beğeniyle uygulanan saz yolu üslûbu, saray nakkaşhânesinde 16. asrın ilk yarısında yeni bir bezeme tarzı olarak Âgā Mîrek'in öğrencisi Tebrizli Şahkulu tarafından ortaya çıkarılmıştır.

Osmanlı Kara Memi Üslûbu: Kanûnî Sultan Süleyman döneminde saray nakkaşhânesi sernakkaşı olan Kara Memi, Şahkulu'nun öğrencisidir. Yarı üslûplaştırılmış bahçe çiçekleriyle meydana getirdiği üslûp uzun zaman sevilerek uygulanmıştır.

Osmanlı Ali Üsküdârî Üslûbu. 18. yüzyılda yaşayan çiçek ressamı ve müzehhip Ali Üsküdârî ruganî tekniğinde müstesna eserler meydana getirerek bir üslûp ortaya çıkarmıştır. Bu üslûpla kitap kabı, yazı altlığı, yazı çekmecesi, kubur, kalemdan ve yay gibi örnekler hazırlamıştır. 18. yüzyıl ruganî kitap kabı sanatının göze çarpan en önemli özelliği klasik üslûpların, bilhassa saz yolu üslûbunun yeniden yorumlanmasıdır. Bu dönemde yetişen sanatkârlar Ali Üsküdârî yanında Çâkerî, Ahmed Hazîne ve Abdullah-ı Buhârî'dir. Bu sanatkârlar, ruganî üslûbunu geliştirmekle beraber Avrupa sanatının etkilerini dikkate alarak başarılı örnekler vermiştir.

Osmanlı sarayında ehl-i hiref diye adlandırılan sanatkâr teşkilâtının en önemli bölüklerinden biri olan nakkaşlar yalnız kitap sanatıyla ilgili faaliyetlerle kalmaz, saray köşklerinin, binaların kalem işi, çini ve metal işleri desenlerini de hazırlar ve uygulardı. Bunlar günlük üzerinden üç ayda bir maaş alırdı. Mücellit, müzehhip ve diğer çalışanların aldıkları maaşlar ve terfileri maaş defterine yazılırdı. Eser yapımının yoğun olduğu zamanlarda yetenekli kimseler ehl-i hiref içinde yer almıyorsa çarşı esnafı arasından ücret karşılığında usta sarayda çalıştırılırdı. Padişah, bayramlarda kendisi için hazırlanan hediyeleri

sanatkârlara kaftan veya para vererek ödüllendirirdi. Çalışan sanatkârın adı, eserinin cinsi, karşılığında ona ödenen paranın tutarı veya verilen kaftanın cinsi in'âm defterine kaydedilirdi. Nakkaşhânede bulunan sanat ve zanaat sahiplerinin tayin, maaş, terfi, çıkış gibi işlemlerinin tahakkuku ve nakkaşhânede yapılması istenen işin ehil sanatkâra verilmesi sorumluluğu hazinedarbaşına aitti.

19. yüzyılın sonlarından itibaren Sanâyi-i Nefîse Mektebi'ne tezhip dersi konmuşsa da bu sanatın müstakil bir okul çatısı altında öğretilmesi ilk defa 20 Mayıs 1915'te Bâbıâli'de açılan Medresetü'l-hattâtîn'de başlamış ve 1936'ya kadar devam etmiştir. Aynı yıl bu mektep Devlet Güzel Sanatlar Akademisi'ne bağlanmış ve Türk Tezyinî Sanatlar Şubesi adı altında 1960'ların sonuna kadar yürütülmüştür. Talebesi bulunmadığı gerekçesiyle kapatılan bölümün eğitim programlarında yer alan sanat dalları 1980'den sonra bir kısım Güzel Sanatlar fakültelerinin Geleneksel Türk Sanatları Bölümü'nde yer almıştır.

Günümüzde Güzel Sanatlar fakültelerinin gekeneksel sanatlar bölümlerinde tezhip eğitimleri devam etmekle beraber çok farklı kurum, kuruluş, belediye çatısı altında ve özel atölyelerde tezhip dersleri büyük bir iştiyakla devam etmektedir. Bu eğitimler sonucunda Osmanlı klasik tezhip zevki yaşanmaya, yaşatılmaya ve eserler üretilmeye devam edilmektedir.

Malzeme

Her sanat dalının diğer sanat dallarıyla ortak kullanılan malzemelerinin yanında kendine has bazı malzemeleri vardır. Sanatta kullanılan malzemenin kalitesi, ortaya çıkacak eserin kalitesini de doğrudan etkiler. O yüzden imkânlar dahilinde aşağıda yazılan özelliklerde kaliteli malzemeler temin edilmelidir.

Kalem

Sanatın ve tasarımın temel malzemesi kalemdir. Tezhip sanatına gönül verenlerin her daim kullandıkları muhabbetli malzemedir kalem. Sanata ilk dokunuş kalemle başlar ve elden göze gönülden kalem vasıtasıyla yeniden kâğıda geçer sanat. Kalem tezhip sanatında sanatçının elinden hiç düşürmediği temel malzemedir

Desen çiziminde ilk olarak yumuşak uçlu kurşun kalemler kullanılır.

Daha sonra yumuşak uçlu (HB-B) 0,3-0,7-0,5 mm. uçlu basmalı otomatik kalemler de tercih edilir. Desen aktarmada ise yumuşak uçlu 0,2 - 0,3 mm. kalemler kullanılır.

Silgi

Desen çiziminde yanlış yada düzensiz çizimleri silmek için yumuşak karalamayan, bulaştırmayan ve toz brakmayan silgiler kullanılmalıdır.

Tezhipte farklı silgiler farklı amaçlarla kullanılırlar. İnçe uçlu kalem silgiler dar alanlar için uygun iken geniş alanlar için "dust-free" özellikli beyaz yumuşak küp silgiler tercih edilmelidir. Hamur silgi ise kağıda zarar vermediğinden hassasiyet gerekli tüm alanlarda kullanılabilir.

Kâğıt

Yüzeyi pürüzsüz, emiciliği fazla olmayan veya emiciliği âhar (kâğıt terbiyesinde geleneksel bir usül) ile azaltılmış, asit oranı düşük kaliteli kâğıtlar kullanılmalıdır.

Kompozisyona uyumlu renklerin seçildiği, kendinden renkli paspartu kartonları (maket kartonu) da kullanılabilir.

Tezhip yapılacak kâğıt şayet istenilen renkte ise boyamaya ihtiyaç yoktur. Diğer taraftan kâğıtlar istenilen renklere de boyanabilir. Geleneğimizden gelen metod, çeşitli bitki suları ile boyanmasıdır.

Tezhip sanatında, tabii bitki suları ile elde boyanmış kâğıtlar üzerine tezhip yapılması en uygun olanlardır.

Kâğıt nasıl boyanır?

Kâğıt boyama teknikleri eski ustalarımızdan aktarılan boyama teknikleriyle gerçekleşir. Bu boyama tekniklerinin hocalarımızın bize öğrettiklerini bizlerin de gelecek nesillere doğru bir şekilde aktarmamızla yaşamaya devam edeceğine inanıyoruz.

El yapımı kâğıtlar

Kâğıt en kolay iki şekilde boyanır: Banyolama tekniği ve sürme tekniği.

Banyolama tekniğinde kâğıt, bitki suyu doldurulmuş bir kaba yatırılır; bir müddet boyayı emmesi beklenir, sonra çıkarılır ve asarak ya da sererek kurutulur.

Sürme tekniğinde ise kâğıt düz bir zemin üzerine konur; bitki suyu yumuşak bir fırça veya sünger yardımı ile tek yöne sürmek suretiyle kâğıt boyanır. İstenen renk elde edilene kadar boya bir kaç kat sürülebilir.

Bitki suları nasıl elde edilir?

Her çeşit bitki suyu ile boya elde edilebilir. Çay, ıhlamur, ceviz yaprağı, kahve, kakao, lahana çeşitleri vb. renk veren tüm bitkiler kullanılabilir. Bu bitkilerin kaynatma veya demleme usulüyle renklerini suya salması sağlanır.

Boyanan kâğıtlar üzerine hemen tezhip yapılabilir mi?

Boyanan kâğıtlar üzerine tezhip yapılabilmesi için öncelikle sert bir zemine yapıştırılmaları gerekir. Bu zemin bir mukavva olabileceği gibi murakka' usulüyle de sert bir zemin olabilir.

Murakka' nasıl yapılır?

Murakka', geleneksel usûlle levha üretmede kullanılan, kâğıtların üst üste yapıştırılarak kalınca bir mukavva elde etme metodudur. Tezhibli levha veya cildlenecek murakkaalarda kullanılmak üzere yapılır. Hazır mukavvaların üzerine tezhiplenecek kâğıtlar yapıştırıldığında mukavvada görülen bükülmeler murakka'da oluşmadığından, tam düz ve çok sağlam bir plaka elde edildiğinden ve herhangi bir kimyasal kullanılmadığı için çok uzun ömürlü olduğundan dolayı tezhipli levha veya cildlenecek albümler (murakkaa) üretiminde sıkça kullanılır.

Murakka' yapmak için gerekli malzemeler buğday nişastası, şap, jelatin, kâğıt, murakka' tahtası ve iyi kalite sünger. Murakka' tahtası "kavak kontra panel" olarak piyasada bulunabilecek ve eni-boyu istenilen ölçüde kestirilebilecek 1 santim kalınlığındaki geniş tahtalardır. Murakka' yapılacak kâğıtların da asit değeri düşük kaliteli kâğıtlar olmasına dikkat edilmelidir.

Murakka'da kâğıtlar, eski usûllerde olduğu gibi, en uzun ömürlü yapıştırıcılardan biri olan buğday nişastasından yapılan muhallebi ile birbirine yapıştırılır.

Muhallebinin yapılışı şu şekildedir: Bir su bardağı buğday nişastası, yedi su bardağı su, genişçe bir tencerede sürekli karıştırılarak

Murakka'

kaynatılır. İlk kaynamadan sonra nohut büyüklüğünde şap, bir çay kaşığı veya üç kare jelatin (toz jelatin) ilave edilerek ateşte iyice karıştırılır. Kısa bir müddet sonra ateşten indirilir ve üzerine bir örtü örtülüp soğumaya bırakılır.

Daha sonra murakka' yapılacak kâğıtlar soğuk su ile ıslatılır ve tavlanmaya bırakılır. Muhallebi ilk olarak murakka' tahtasının kenarlarına 2 cm. gelecek şekil sürülür. Orta kısma muhallebi gelmemesine dikkat edilir. Tavlanmış ve kendini iyice bırakmış olan ilk kâğıt murakka' tahtasına yerleştirilir, üzeri muhallebi ile sıvanır; fırça yardımı ile fazla muhallebi alınır ve ikinci kâğıt su yolu gözetilerek çapraz bir şekilde yerleştirilir. Bu çapraz yerleştirmelere –su yönleri gözetilerek– murakka' kalınlılığı istenilen seviyeye ulaşana kadar (tek sayı olmasına dikkat edilir) devam edilir.

Kuruyan kâğıtlar kalın bir mukavva hâlini alacaktır. Murakka' bir haftadan az olmamak şartıyla kurumaya bırakılır. Ne kadar uzun sürede kurursa o kadar iyi olur. Tabiî bitki suları ile renklendirilen âharlı kâğıtlar hazırlanan murakka'ya muhallebi yardımı ile yapıştırılarak kuruduğunda tezhibe hazır hâle getirilmiş olur ve tüm işlemler bittikten sonra levha kenarlarından kesilerek tahtadan çıkarılır.

Altın

Tezhip sanatının en önemli boyar maddesi, bu sanata adını veren altındır.

Altın varak nedir?

Altın şeridin ince tirşeler (parşömen, ak deri) ve sığırın kör bağırsağından elde edilen zarlar arasında dövülerek şeffaf yapraklar haline getirilmesine altın varak denir. Günümüzde ise modern yöntemlerle elde edilen varak altın ithal olarak elimize ulaşmaktadır.

Altın varaklar küçük kare şeklinde defterler halinde imal edilirler. Bir defter 25 yaprak olup 8cm x8cm ölçülerindedir.

Altın varak çeşitleri şunlardır:

Yeşil altın	(18 carat)
Sarı altın	(22 carat)
Kırmızı altın	(23 carat)
Antik kırmızı altın	(24 carat)
Beyaz altın	
İmitasyon altın	(8 carat 16x16)

Altın varakların tezhipte kullanılabilmesi için ezilmesi gerekmektedir. Peki, bu zor ve zahmetli iş nasıl yapılır?

Geniş, derin cam ya da porselen bir kap alınır (en az çapı 30 cm. olmalıdır). Kabımızın

Yaprak ve ezilmiş halde varak altın, arap zamkı ve toz jelatin

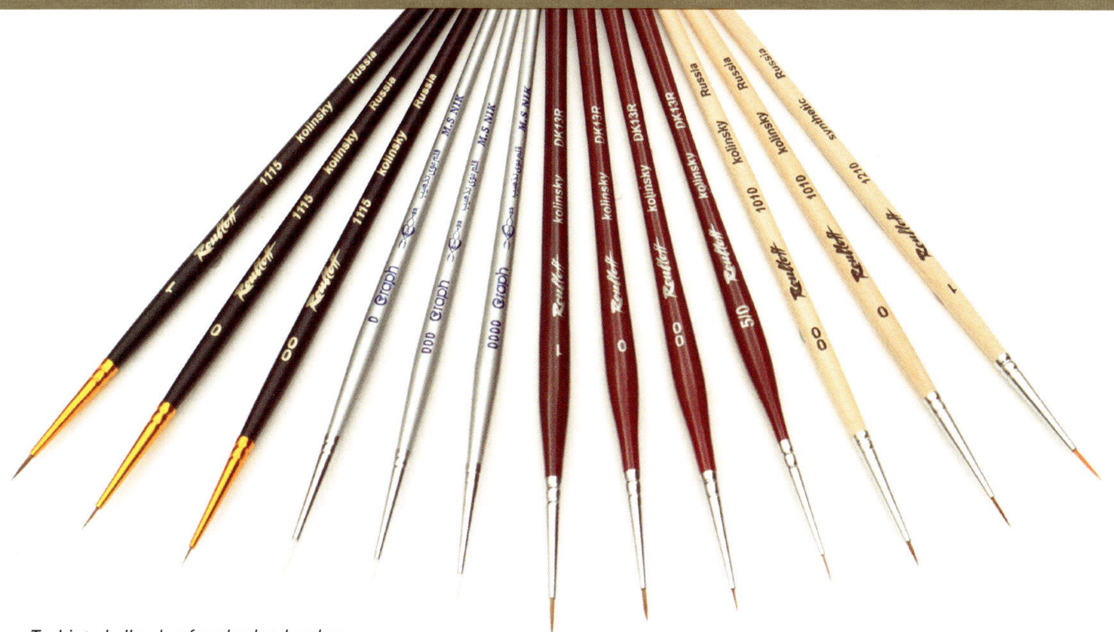

Tezhipte kullanılan fırçalardan bazıları

bir köşesine bir tatlı kaşığı arap zamkı konulur. Elimizin işaret parmağı ile arap zamkına dokundurulur, altın varak defterinden bir yaprak hafifçe alınırak arap zamkının kenarına konularak işaret parmağı ile ezmeye başlanır. Her ezilen yapraktan sonra ezmeye dairevi hareketlerle devam edilir. Ezme süresi uygulanan baskının şiddetine bağlı olarak değişse de ortlama 1,5 veya 2 saattir.

Ezme işlemi bittiğinde bir su bardağı su ile altın sulandırılarak derin bir kâse içine ipek bir süzülür. Bu sıvı 12 saat süresince dinlendirilerek altının zemine inmesi beklenir. 12 saat sonra zemine çöken altının üzerindeki su tahliye edilirek tekrar 1 bardak sıcak su altın kâsesine dökülür. "Altın yıkamak" olarak tabir edilen bu işlemin amacı arap zamkının altından arındırılmasıdır. 6 saat sonra dibe çöken altının üzerindeki su tekrar dökülür veya şırınga yardımı ile çekilirek altın kurumaya bırakılır.

Altın, fırça ile yalın halde kullanılmaz. Jelatinli su veya arap zamkı ile terbiye edilen altın kullanıldığında altın yüzeye yapışarak kalıcı hale gelir. Bir fincan sıcak suya üç kare sert jelatin parçası konarak eritilen jelatin, her kullanımda ihtiyaç kadar hazırlanarak taze taze kullanılır.

Aktardan taş halinde alınan arap zamkı bir kabın içine bir avuç kadar konur ve üzerine örtecek kadar üzerine sıcak su ilave edilir. 12 saat sonra tam olarak eriyen arap zamkı kullanılmaya hazır hale gelir.

Jelatin veya arap zamkı ezilmiş altın kâsesinin kenarına bir damla su konulur; su yardımı ile altınla karıştırılarak kullanılır. Altın kullanımında altının kıvamının ayarlanması tecrübeye dayalı olduğundan hocamızın izahları büyük önem taşımaktadır.

Fırça

Tezhip sanatında samur, kedi tüyü ve sentetik fırçalar kullanılır.

Kıllarının tek noktada toplanması, boyayı iyi taşıması ve fırça darbeleri süresince boyayı düzgün ve eşit bir biçimde sürmesi gibi özelliklerinden dolayı samur fırçalar en çok tercih edilen fırça grubudur. Samur fırçanın yanında kedi tüyü ve sentetik fırçalar da yerine göre tercih edilebilir. Tezhipte hangi kalınlık ve özellikte fırçanın ne zaman kullanılacağı tecrübeye dayalıdır.

Boyalar

Tezhip sanatında altının haricinde boyar madde olarak her türlü su bazlı boyalar kullanılabilir. Guaj, akrilik, sulu boya, taş boya, is siyahı gibi. Bu boya çeşitleri renk hazırlarken rahatlıkla birbirleriyle karışabilen ve sorun çıkarmayan boya çeşitleridir.

Guaj boyalar

Tezhipte ambalajındaki boya doğrudan kullanılmaz; renkler usulüne uygun olarak karıştırılıp olgun ve zengin bir renk çeşitliliğine ulaşılarak kullanılır.

Guaj boyalar parlak ve örtülücüğü yüksek boyalardır. Su ile inceltilerek renk hazırlamada veya kıvam oluşturmada problem yaşanılmayan boya çeşididir.

Akrilik boyalar ise kuruduktan sonra katman oluşturan ve bir daha çözülmeyen, örtücülüğü yüksek boyalardır.

Cetvel

Cetveller ölçmeye ve doğru çizgileri çizmeye yarayan dereceli veya derecesiz tahta, plastik ve metalden yapılmış araçlardır. Doğru ölçülendirme ve cetvel kullanma becerisi tezhipte çok önem arz etmektedir. 30, 50 ve 100 cm. cetvellerle birlikte gönyelere de ihtiyacımız mutlaka olacaktır.

Taş sulu boyalar

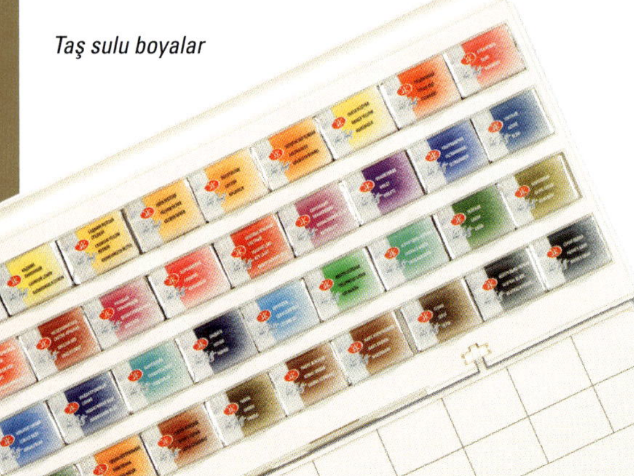

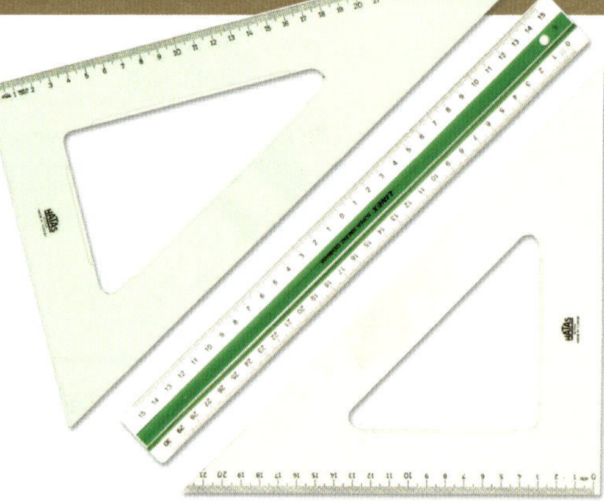

Cetvel ve gönyeler

Pergel

Pergel iki kolu bulunan bir uçu sivri diğer uçunda ise kalem veya uç bulunan bir âlettir ve daire çizmek için kulanılır.

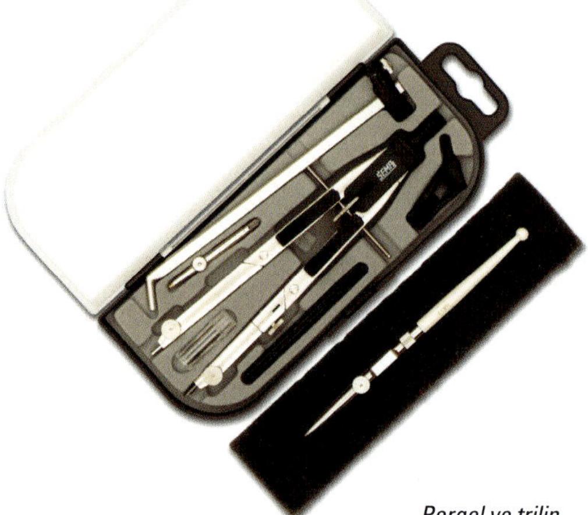

Pergel ve trilin

Trilin

Farklı kalınlıktaki düz çizgileri cetvel yardımı ile çizmeye yarayan ve çok eski zamanlardan beri kullanılan bir çizgi âletidir.

Trilinin uç kısmının içine boza kıvamında istenilen altın veya boya fırça yardımı ile konulur ve arzu edilen kalınlık ayarlanılıp (1, 2, mm gibi) cetvelin oluklu kısmı kullanılarak düz çizgi çizilir.

Rapido Kalemi ve Rapido Mürekkebi

Rapido kalemi, içerisine konulan Rapido mürekkebi ile kullanılır. Bu kalemlerin 0,1 - 0,2 numaraları en çok kullanılan numaralardır.

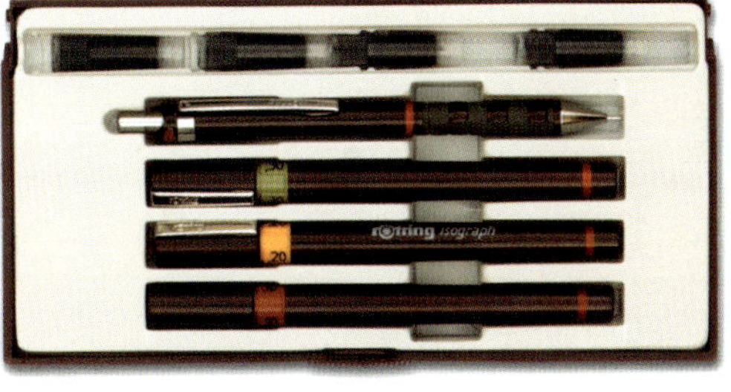

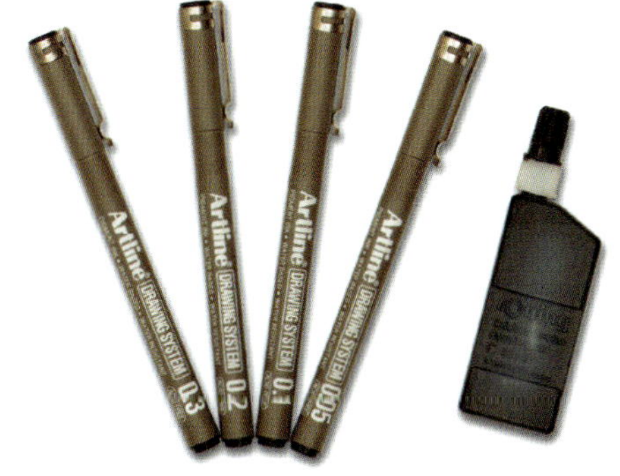

Rapido kalemler ve mürekkebi

Tezhipte cetvellerde boyanın her iki tarafına tamamlayıcı siyah ince çizgi çizmek için kullanılır.

Bu kalemin mürekkebi kalem dışında fırça ile cetvel, zemin, çiçek boyama gibi alanlarda da kullanılır.

Eskiz Kâğıdı

Çizim ve çizim çoğaltmada kullanılan bir nevi yarı ışık geçiren kâğıt çeşididir. Tüm taslak çalışmalarında bolca kullanılmaktadır.

Mühre

Mühre değerli taşlarla yapılan çeşitli formlardan oluşan bir nevi el presi de diyebileceğimiz özel bir âlettir. Mühre akik gibi kolay aşınmayan yüzeyi pürüzsüz taşlardan yapılır.

Mühreler

Geniş yüzeyler için geniş ve kollu mühreler imal edildiği gibi altın parlatmada kullanılan kalem gibi sivri ve ucu kıvrımlı küçük mühreler de bulunmaktadır.

Gode Palet ve Kutular

Gode palet küçük kutulardan oluşur, hazırlanan boyaları koymak için gereklidir. Seramik ve plastik her türlü palet ile küçük şişe ve kaplar da boyalar için kullanılabilir.

Boya karıştırmada küçük fırçalar kullanılabileceği gibi yandaki resimde de görülen "kirpi oku" kullanılabilir. sıcak bölgelerde yaşayan oklu kirpilerin uzun dikenleri kolay silinebilir olduklarından kullanımı çok kolaydır.

Gode, palet ve kirpi oku

Uygulama

Renk

Renk tezhibin temel konularından biridir. Doğru renk kullanımı için rengin özelliklerini ve kullanımı bilmek gereklidir. Peki renk nasıl oluşur? Mesela yeşil elde etmek için mavi ile sarı rengi karıştırarak yeşil yaparız. İşte burada mavi renk ışığın kırmızı rengini, sarı renk de ışığın mavi rengini emerler, ışığın son rengi yeşil açığa çıkar. Işık, renk ışınlarını birbirine ekleyerek (eklemeli sentez), pigment renkleri ise ışığın renklerini azaltarak, karışımdan ışığı çıkararak (çıkarmalı sentez) yoluyla cisimleri boyarlar. Bazı ressamlar sarı, kırmızı, mavi renkleriyle tabiattaki bütün renklerin yapılabileceğini söylerler. Bütün renkler bu üç rengin karışımıyla elde edilebilir. Aşağıda verilen çemberde de görüleceği üzere ana pigment renkleri sarı, kırmızı ve mavidir. A ile gösterilen boyalar birincil renklerdir. Birincil renkler birbirleriyle ikişer ikişer karıştığında B renklerini, A ve B renklerini ise birbirleriyle karıştırarak C renklerine ulaşılabilir. Bu böylece sonsuza kadar uzayıp gider.

Karışımlarda dikkat edilecek husus, her rengi kendine en yakın bir önceki renkle karıştırmaktır. Uzaktaki bir renkle karıştırılırsa kirli bir renk elde edilir. Bu karışım kuralına riayet edilemediğinden renk karıştırılırken genellikle gri veya çamur rengi çıkmazına girilir ve istenilen renk bir türlü elde edilemez. Çemberde karşılıklı gelen renkler birbirinin renk kontrastı, yan yana gelen renkler ise uyumlu renkleri oluştururlar. Ton kontrastı ile renk kontrastı birbirinden ayrıdır. Açık ve koyu mavi yan yana geldiğinde bir ton kontrastı oluştururken, mavi ile kırmızı ise bir renk kontrastı oluştururlar.

Renkler bir dizi hâlinde kullanılacaksa, sıcak ya da soğuk bir rengin mutlaka hâkim olması gerekir. Sıcak renkler, menekşe moru, kırmızı, turuncu, sarı ve fıstık yeşili gibi renklerdir. Soğuk renkler ise yeşil, çivit mavisi, ultramarin, mor renkleri ve buna yakın renklerdir. Soğuk ve sıcak renkler birbirleriyle tabii ki, kullanılabilir. Ancak asıl olan renklerden birinin hâkimiyetiyle karmaşanın önüne geçilmesidir.

Renkler yanındaki renklerden etkilenerek göze farklı renklermiş gibi görünebilir. Bir renk, eğer onu çevreleyen renk açık ise daha koyu, koyu renk ise daha açık görünür. Yeni renkler elde etmek biraz da tecrübe işidir. Tezhipde renk kullanmak, kompozisyonlarımızı çok daha etkili hâle getirir. Etkili renk kullanımı için tabiat iyi takip edilmeli, yeni renk karışımları korkusuzca denenmelidir. Tezhipde iyi renk kullanımı için klasik eserlerde yer alan renk terkibleri iyice izlenmeli ve örnek alınmalıdır. Geleneksel renk anlayışımızda renklerin olgunluğu ve kullanılan

Işık ana renkleri

Pigment ana renkleri

Renk çemberi

renklerin bir bütün oluşturacak şekilde kullanılmasına özen gösterilir. Yoz ve göz yorucu renklerden uzak durulması gerekmektedir.

Tezhip Sanatını Öğrenme Yöntemleri nelerdir?

Tezhip sanatı, diğer tüm klasik sanatlarımız gibi usta-çırak ilişkisi içinde ve "meşk" usulüyle öğrenilir. Ustası ile çırağı çatısı altında buluşturan Topkapı Sarayı, Üniversitelerin ilgili bölümleri ile halk eğitim ve belediye kursları tezhip sanatı adına önemli bir hizmeti uzun yıllardır ifa etmektedirler.

Tezhip Sanatının ilk olarak hangi dersle başlanır?

Çizgi Alıştırmaları

Tezhip sanatının temeli çizgi çalışmasıdır; düzgün ve doğru çizim yapabilmek için el hâkimiyetinin kuvvetli olması gerekir. El hâkimiyetini kazanabilmek için el egzersizlerini bolca yapmalıyız. Gerekirse nefesimizi tutarak da çizgi çalışması yapılmalıdır.

Tezhip sanatı ilk olarak çizgi alıştırmaları yapılarak başlar. Çizgi alıştırmalarında kalem çok sıkı tutulmaz. Rahat bir tutma şekli kaleme hâkimiyeti arttırır. İnceden kalına şeklinde (nüans) yöntemi ile bu çizgi alıştırmaları devam eder.

Örnekte gösterildiği şekilde başlangıç çalış-

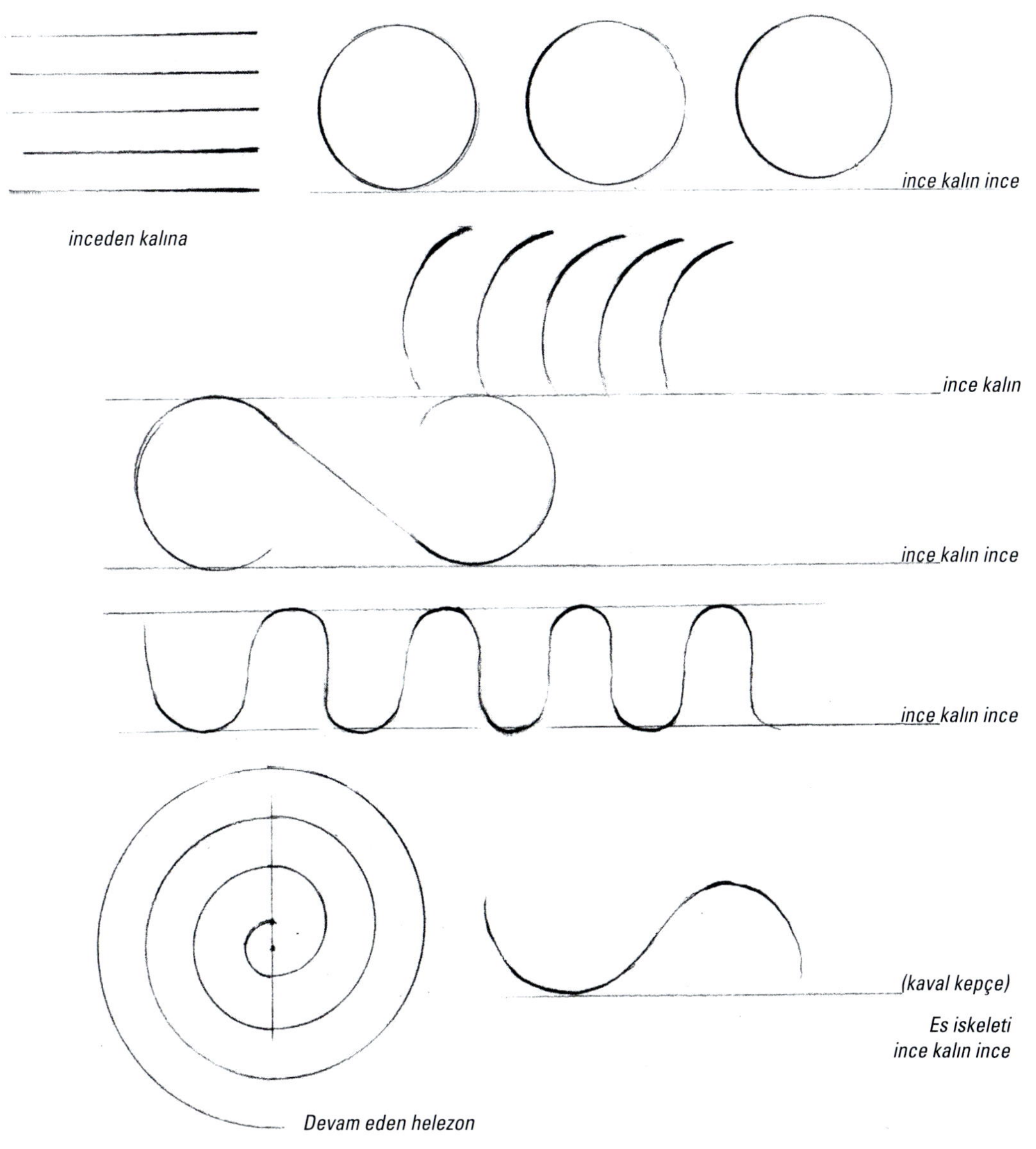

maları yapılır. Hocanın uygun gördüğü süre kadar çalışmalar devam eder. Hoca yeterli gördüğünde diğer derslere geçilerek mesafe kat edilir.

Tezhip sanatında çizgi çalışmalarından sonra hangi alıştırmalarla devam edilir?

Talebe, çizgi alıştırmalarından sonra yaprak anotomisi ve çizimleri ile devam eder.

Ecdadın tabiattaki yaprakları stilize ederek çizmiş olduğu zengin yaprak desenlerine sizler de gözlemlediğiniz yaprakları stilize ederek günümüz tezyinatına katkıda bulunabilirsiniz. Günümüz sanatında ecdadımızın stilize etmiş olduğu yaprak motiflerinin aynısını bizler de taklit ederek çiziyoruz (tezyinatta dönemler ve ekollere göre yaprak motifleri değişiklik kazanır).

Yaprak çizimi kendi içinde gruplara ayrılır.

Yalın Yaprak Çizimi

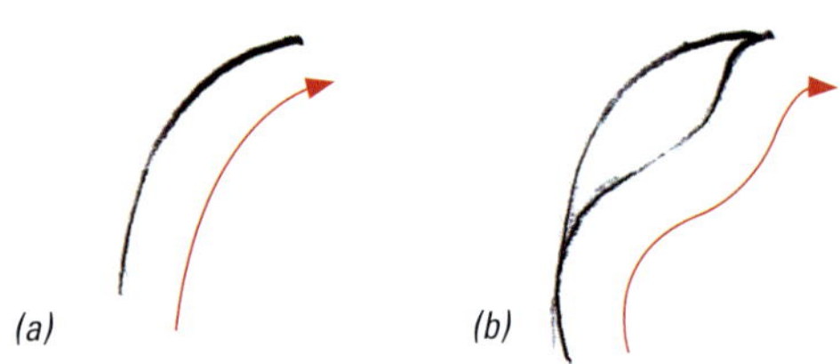

Sade ve küçük yapraklar tezyinatta klasik tezhipte kullanılırlar.

a- Başlangıç noktasından yukarıya doğru inceden kalına (nüanslı) bir yay çizilir.

b- Yayın iç kısmına es iskeleti ile yaprak oluşturulur.

Büyük Yaprak Çizimi

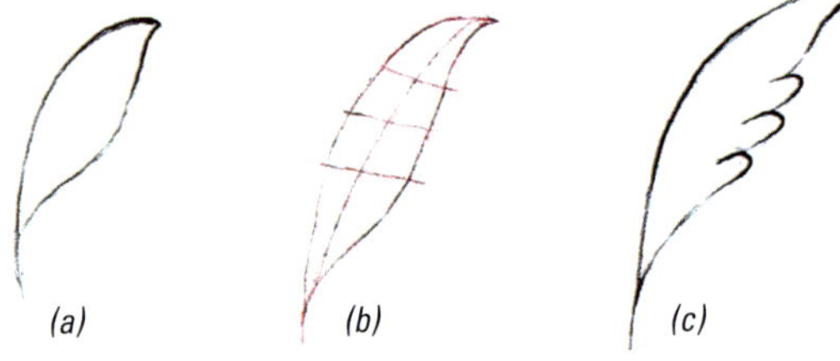

Büyük yapraklar parçalı ve dilimli yapraklar olup tezyinatta halkâr desenlerinde kullanılırlar.

a- Büyük yaprak çizimlerinde yaprak kaneviçesi çizilir.

b- Yaprak, dilimleri belirlemek için bölünür.

c- Küçük yaprak formları dilimlere yerleştirilir ve bu çalışma yapılırken yaprak formu korunmasına dikkat edilir.

İkiye Katlanmış Yapraklar

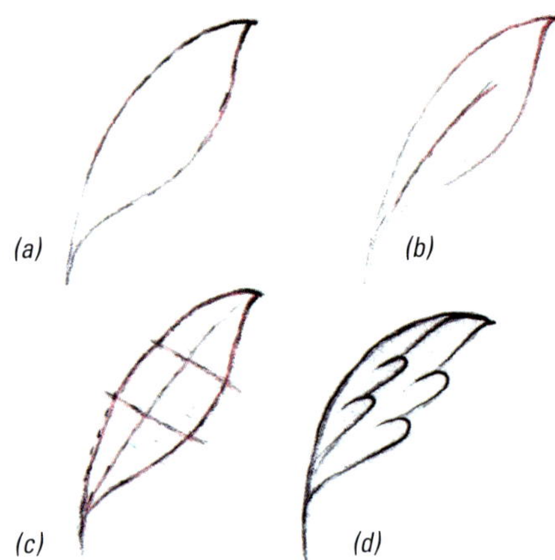

Ortadan katlanmış yapraklardır.

a- Yaprak kaneviçesi çizilir.

b- Orta damar bölünür.

c- Yaprak, dilimleri belirlemek için bölünür.

d- Dilim ve kılçık yapılır.

İri Dişli Yapraklar

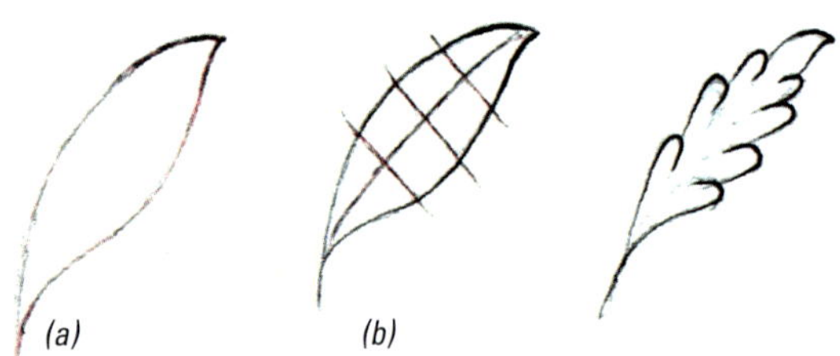

a- İlk olarak yaprak kaneviçesi çizilir.

b- Yaprak dilimleri irili ufaklı tekrarlar şeklinde çalışılır.

Kıvrımlı Yapraklar

Tabiatta rüzgâr esintisinin yaprağa verdiği hareketlerin stilize edilmesiyle yapılan, alt ve üstten dönüşlü yapraklardır.

• Üst kıvrımlı yapraklar
• Alt kıvrımlı yapraklar

Tezhipte yaprak örnekleri sınırsızdır. Tabiatı gözlemleyerek bizler bu örnekleri çoğaltabiliriz.

Sap Çıkmaları

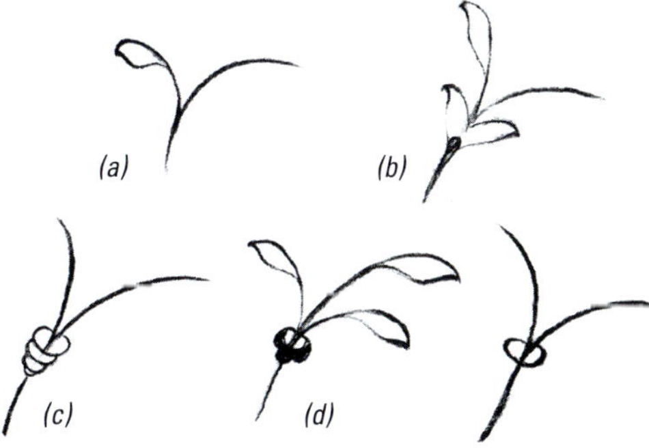

Sap çıkması tezyınatta dal ayırımında veya tek yaprak çıkışı olarak stilize edilmiştir. İç içe veya yan yana yerleştirilmiş budakları sembolize eden küçük boy yaprak filizleridir.

a- Tek ayrımlı dal çıkması

b- Dal üzerinde yaprak

c- Çift çıkışlı dal çıkması

d- Sıralı sap çıkması

Salyangozlar

Yaprakların veya dalların üzerinde yer alan salyangozlar tek olarak çizilebileceği gibi simetrik olarak da çizilebilirler. Helezonvari çizimlerdir. Tezhipte istenildiği her yerde kullanılabilirler ve kompozisyonda boşluk doldurma işine yararlar.

Yaprak çizimi

Yaprak Alıştırmaları

Bu yaprak çalışmaları, kalıp olarak kullanılıp üzerinden fırça çalışması yapılır.

Penç (Merkezî Hatâî)

Penç nedir?

Penç, bir çiçeğin üstten görünüşünün yani enine kesitli hâlinin stilize edilmiş motifidir. Penç kelimesi Farsça'da 5 (beş) yaprak anlamına gelmektedir.

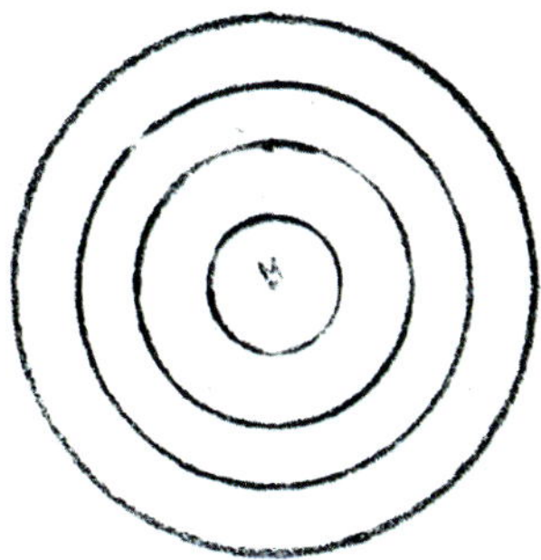

Tezyinatta en çok kullanılan motiflerin başında gelir. Bütün üstten görünümlü motifler "Penç" olarak adlandırılır. Tabiattan stilize edilmiş bir motif olup tasarımın tamamlanmasında hayati önemi haizdirler.

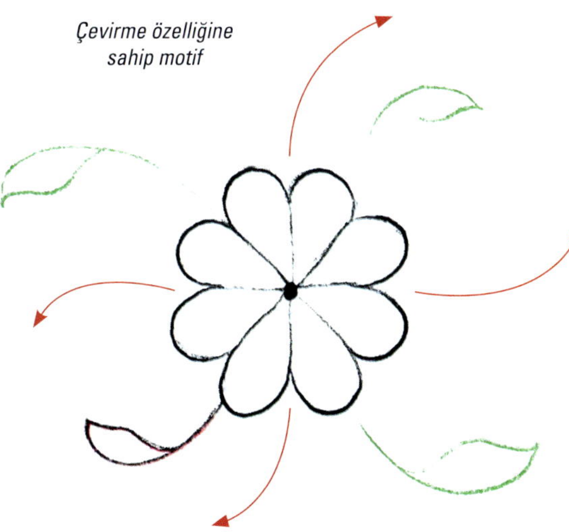

Penç motifi desen tasarımında hatâî gibi belli bir yöne değil, her yöne doğru hareket sağlar. Bu nedenle helezonların kesişme noktalarında ve dalların dönüşlerinde deseni rahatlatan ve dönüş yollarına çözüm getiren bir motiftir.

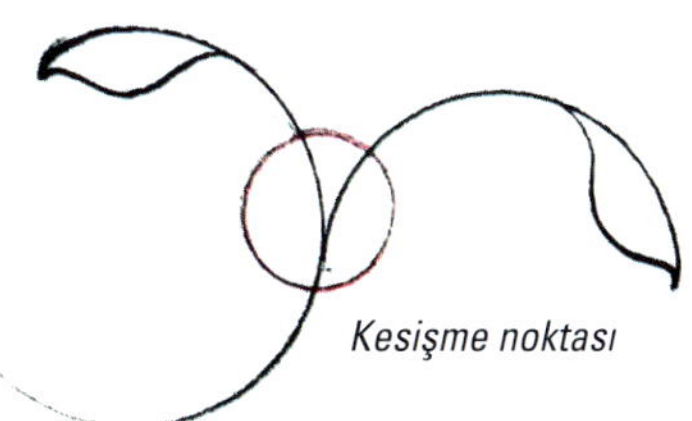

Penç deseni, kademeli bir motiftir. Bir merkezi vardır ve daire daire genişler. Her daire, aradaki mesafeyi koruyarak büyür. Bu daireler Penç'in iskeletini oluşturur.

Tek Kademeli Penc İskeleti:

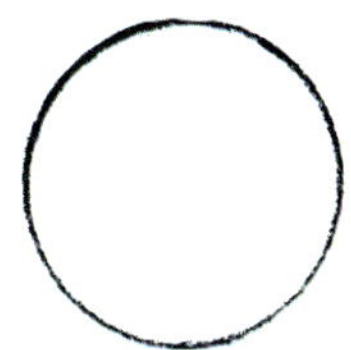

İki Kademeli Penç İskeleti:

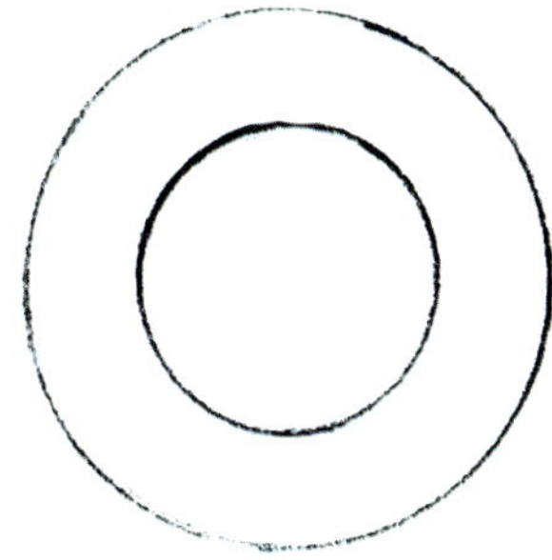

Üç ve Daha Fazla Kademeli Penç İskeleti:

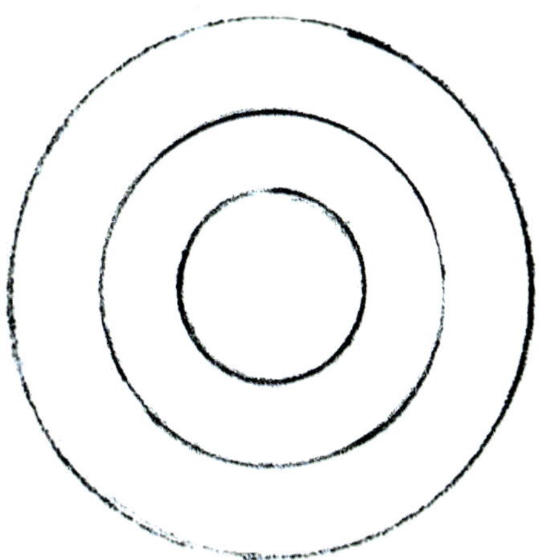

Yapılmak istenen Penç kaç dilimli olacak ise iskelet o sayıya eşit olarak dilimlenir. Daha sonrasında yaprak veya dendan ve dişlerle detaylandırılır. Penç tamamlandıktan sonra iskelet ve dilimler göz ardı edilerek temize çekilir. Desende kullanılacak olan çiçek en son temize çekilmiş olan çiçektir.

- Daire ölçme
- Dilimleme
- Dendan
- Çiçek

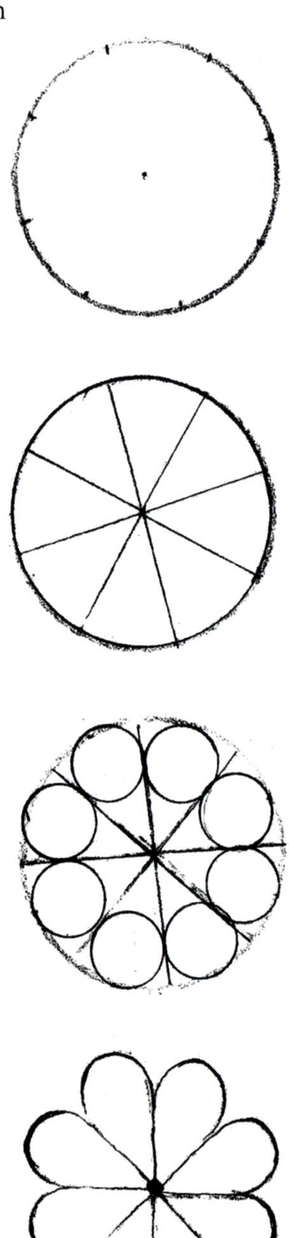

Pençler 5, 6, 7, 8, 9 ve üzeri dilimler olabilir. Kademe çoğaldıkça dilimler de aynı şekilde çoğalır.

Penç çiziminde bu anatomileri çizmemiz gerekir mi?

Doğru ve hatasız penç deseni yapmak, ancak penç anotomisi çizimlerini takip etmekle mümkündür.

Penç Çalışmaları

8 dilimli penç çalışması

7 dilimli penç çalışması

5 dilimli penç çalışması

Bu penç çalışmaları, kalıp olarak kullanılıp üzerinden fırça çalışması yapılır.

Penç Alıştırmaları

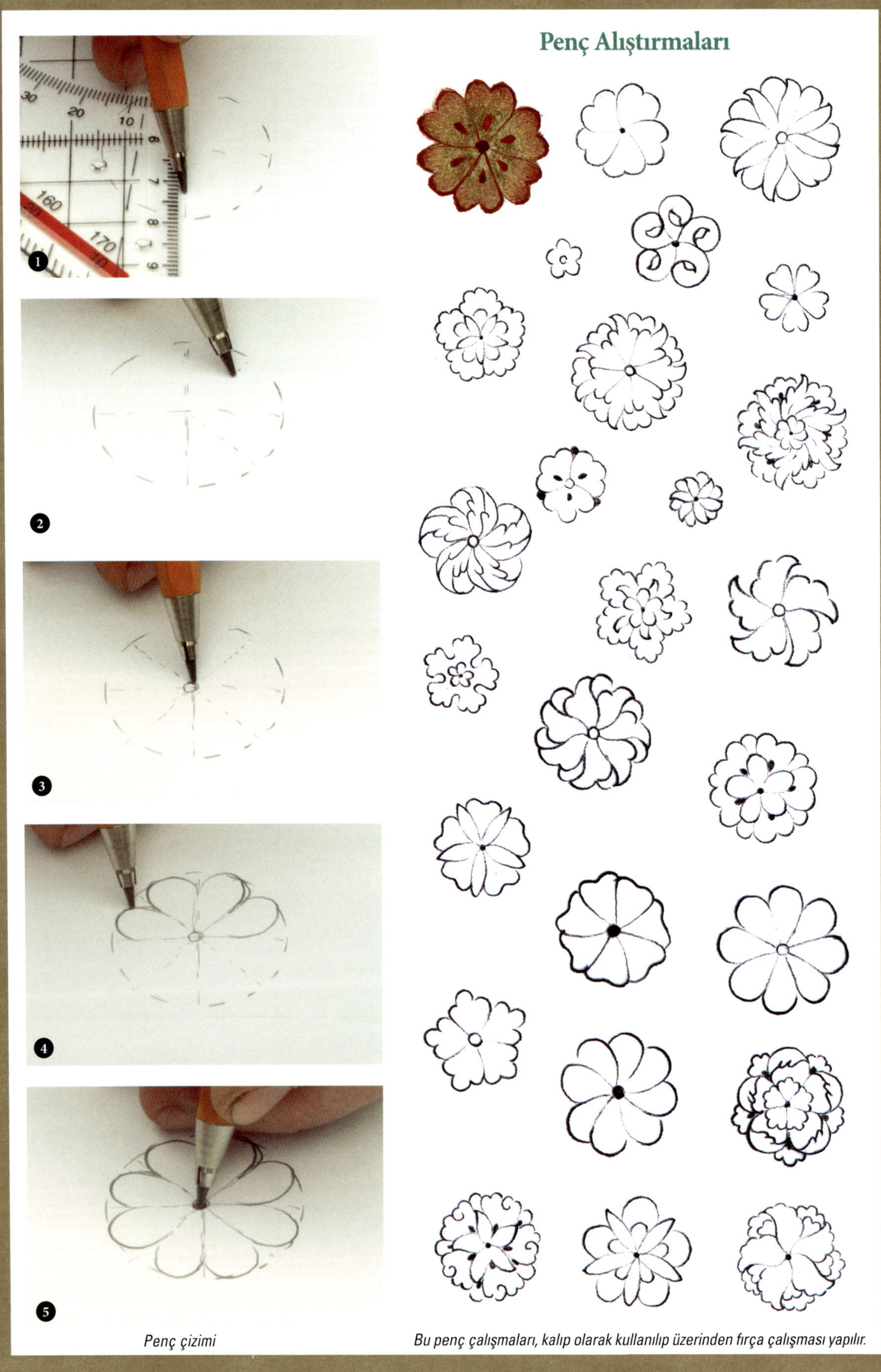

Penç çizimi

Bu penç çalışmaları, kalıp olarak kullanılıp üzerinden fırça çalışması yapılır.

Goncagül

Goncagül nedir?

Açılmamış gül anlamına gelen "goncagül" motifleri hatâî grubunda yer alan boyuna kesitli, küçük, basit motiflerdir. Desenlerde dalların uçlarına yerleştirilirler.

Motifte taç ve çanak yapraklar belirgindir. Goncagül'de dallar motifin altından girip düzgün helezon dönüşleri ile küçük yaprak eklenerek tamamlanır.

Goncagül yuvarlak, oval ve yatay oval gibi çeşitlere ayrılır.

Yuvarlak Goncagül:

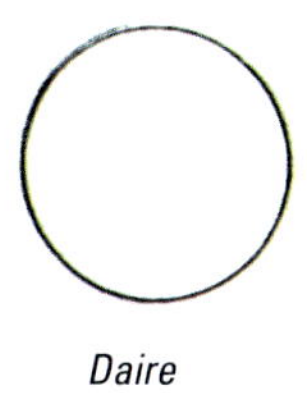

Daire

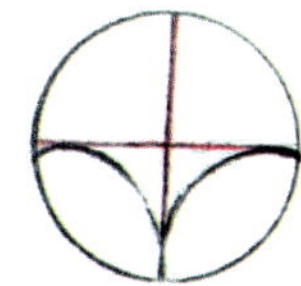

Çanak yaprak

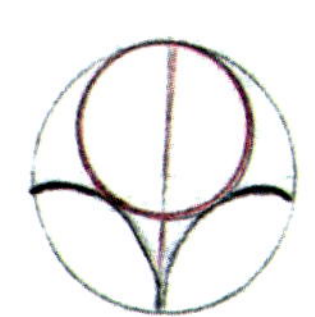

Yaprak dendan çizgisi

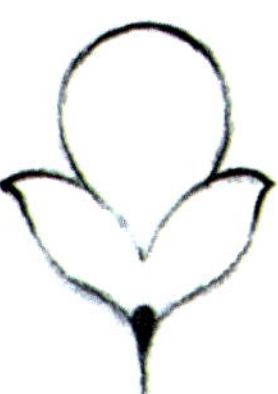

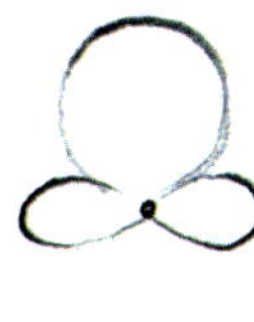

Gonca gül

Dikey Oval Goncagül:

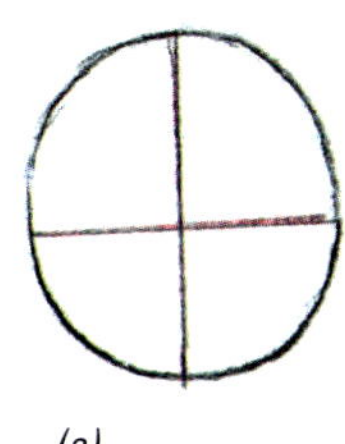

(a)

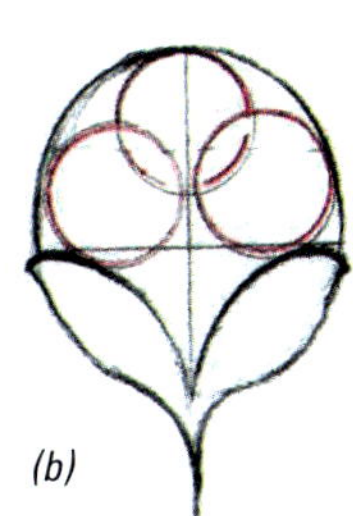

(b)

(c)

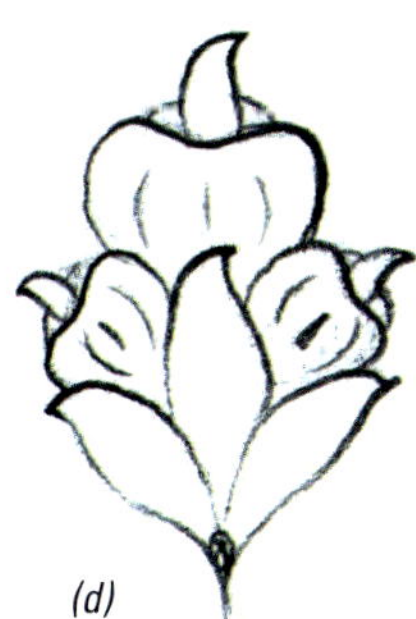

(d)

Yatay Oval Goncagül:

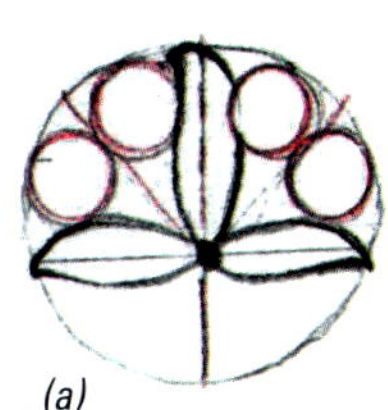

(a)

(b)

(c)

(d)

Goncagül Alıştırmaları

Bu goncagül çalışmaları, kalıp olarak kullanılıp üzerinden fırça çalışması yapılır.

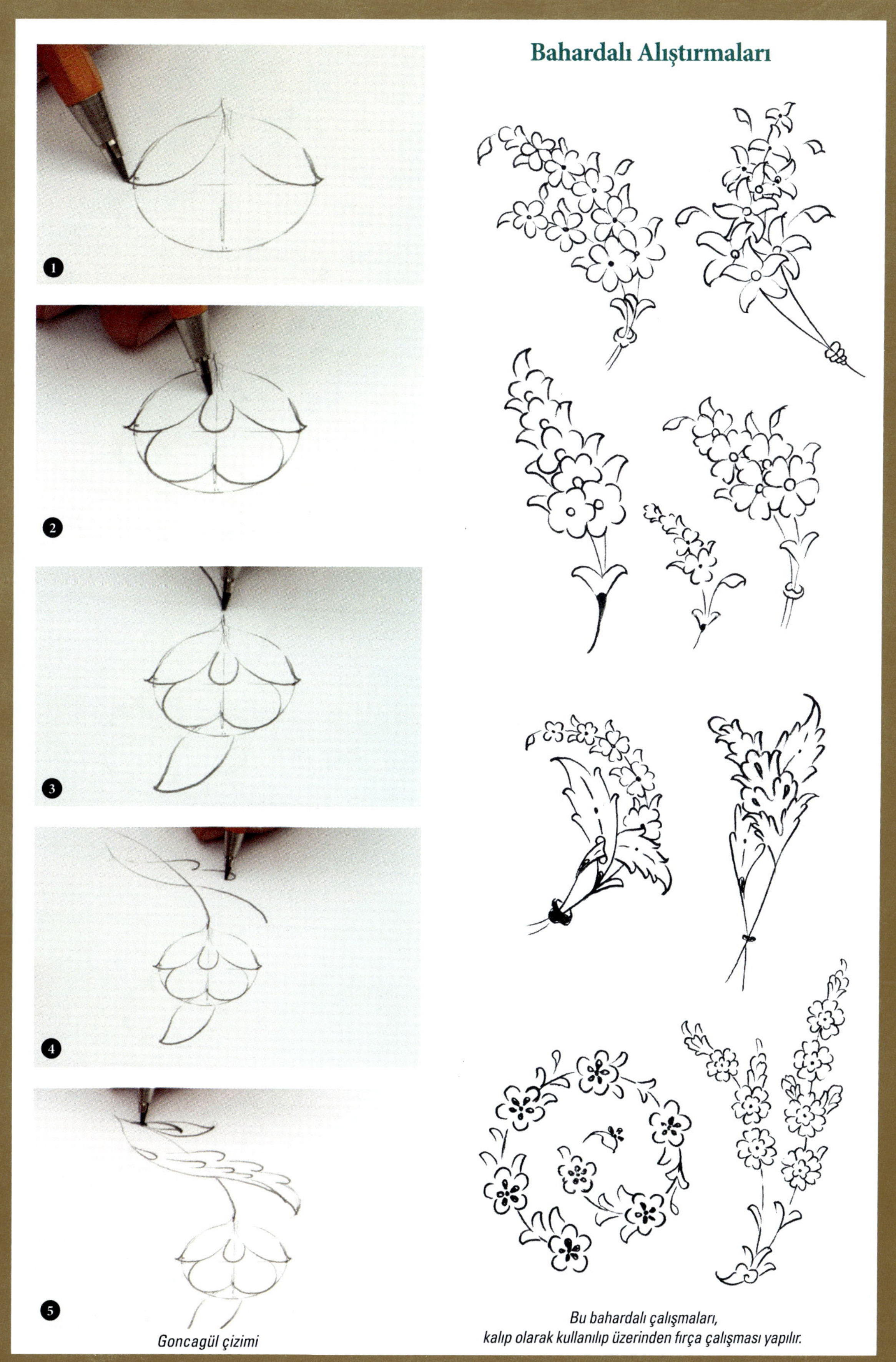

Bahardalı Alıştırmaları

Goncagül çizimi

Bu bahardalı çalışmaları, kalıp olarak kullanılıp üzerinden fırça çalışması yapılır.

Hatâî

Hatai deseni nedir?

Tezyinatın temel motiflerinden biri olan hatâî motifi yoğun şekilde üslûplaştırıldığından hangi çiçekten stilize edildiği kesin olarak bilinememektedir. Hatâî motifinin bir bölümü eksen simetrisinde olur. Asimetrik hatâîler de görünebilir. Hatâî deseni yuvarlak ve oval olur. Hatâî motifi yönlü bir motiftir. Devam eden helozonda helezonun yönüne göre yerleştirilebileceği gibi kompozisyonda simetri eksenlerine de yerleştirilir.

Hatâîler iç içe geçmiş iki daire, menşime (çiçek tohumu), çanak yapraklar, taç yapraklar ve münhanî çizgisinden oluşurlar.

(a)

İçiçe daire

(b)

Hatai anatomisi

Münhani çizgileri

Taç yaprakları

Menşime çizgisi

Başlangıç Noktası

(c)

Çanak yaprak

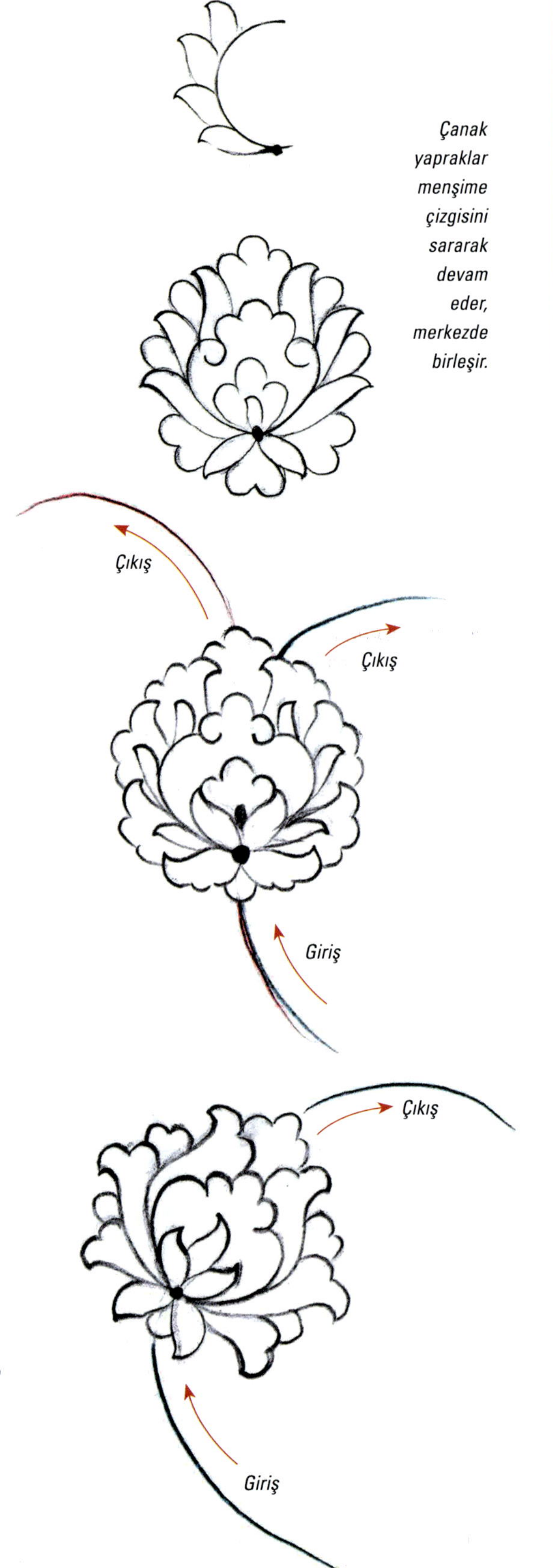

Hatâî çizimi

Hatâî Alıştırmaları

Bu hatâî çalışmaları, kalıp olarak kullanılıp üzerinden fırça çalışması yapılır.

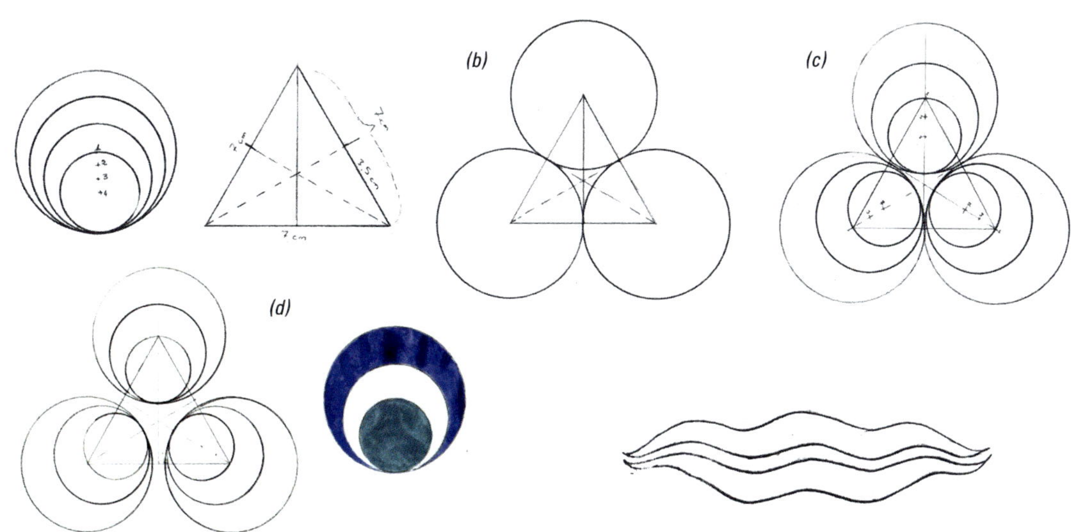

Çintemani

"Timuçin damgası" da denilen ve Çin sanatından Türk sanatına 16. asırda Tebrizli Türk sanatçılar tarafından dahil edilen Çintemani (şâhî benek) Osmanlı'da gücün ve saltanatın sembolü olarak görülmüştür. İkisi altta biri üstte olmak üzere üç yuvarlak benekten meydana gelen bu Orta Asya kökenli desen, Osmanlı saray kıyafetlerinden çini nakışlarına, halı-kilim desenlerinden taş işçiliğine varıncaya kadar hemen her alanda kullanılmıştır.

Yan yana uzanan iki dalgalı çizgiden oluşan bulut (pelengî) desenine "Çin bulutu" da denilmektedir. Orta Asya'da ejderhanın ağzından çıkan alevin sembolü olarak kullanılmışken Osmanlı'da daha çok "bulut" simgesi olarak düşünülmüş bazen de şimşek, dudak veya kaplan postu şeklinde yorumlanmıştır.

Çintemani ve bulut motifleri genellikle beraber kullanılmakla birelikte ayrı ayrı ele alınarak da güzel tasarımlar meydana getirilmiştir.

Pergelin bir ayağı ilk olarak 1 numaraya yerleştirilir ve üçgen dilimi teğet geçilerek ilk daire oluşturulur. Daha sonra 2 numaraya yerleştirilerek en küçük daire oluşturulur. En son olarak 3 numaraya yerleştirilerek orta daire oluşturulur.

İç içe dizilen farklı boydaki dairelerin birleşiminden hilal formunda tek bir motif veya üç motifin bir araya gelmesiyle "çintemani" oluşur.

Ulama ve katlama tekniği ile desen oluşturma

Tezhip Sanatında Kompozisyon

Tezhip sanatında kompozisyon, desen içerisindeki motiflerin doğru bir şekilde hazırlanmasıdır.

Kompozisyon oluşturmak için hangi aşamalar takip edilir?

Kompozisyon oluşturmak istendiğinde, motiflerin birbiriyle kurallar içerisindeki uyumuna dikkat edilir. Kompozisyon oluştururken doluluk ve boşluk oranı önemlidir. Doluluk ve boşluk ½ oranında olmalıdır. Desende mesafe kompozisyonuna uygun olan oran budur.

Karahisarî mushafından, TSMK H.S. 5

Karahisarî mushafından, TSMK H.S. 5

Tezhipte her zaman sonsuzluğu ifade eden helezonî (sarmal) sistemler kullanılır. En çok kullanılan ve iki daireden meydana gelen sistem "es iskeleti"dir. Helezonlar arzuya göre kendi içinde bir tur yapabilir veya daha fazla dönebilir.

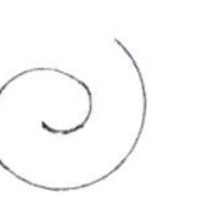

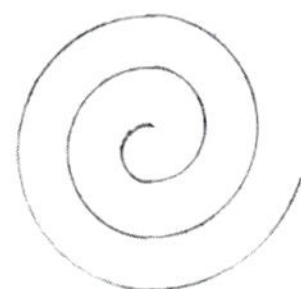

Helezonlar kendi içinde bir tur veya daha fazla dönebilir.

Kompozisyon Oluştururken Kullanılan Yerleştirme Çeşitleri

1. Raport (Katlama) Tekniği: Yan yana katlayarak devam eden tekniktir.

a) Birbirine Teğet Geçen Dairelerden Oluşan Kompozisyon: Kompozisyonu oluştururken Hatâî motiflerinin hepsi aynı boyda olabilir. Ya da büyük, orta ve küçük çiçekler şeklinde kompozisyon oluşturulabilir. Çiçekler ise sıralı veya aralıklı - tekrarlı olabilir. Simetri eksenine ise motifler mutlaka tam ortalarından iki yarıya da eşit gelecek şekilde yerleştirilir.

Desen tasarımı yapılırken

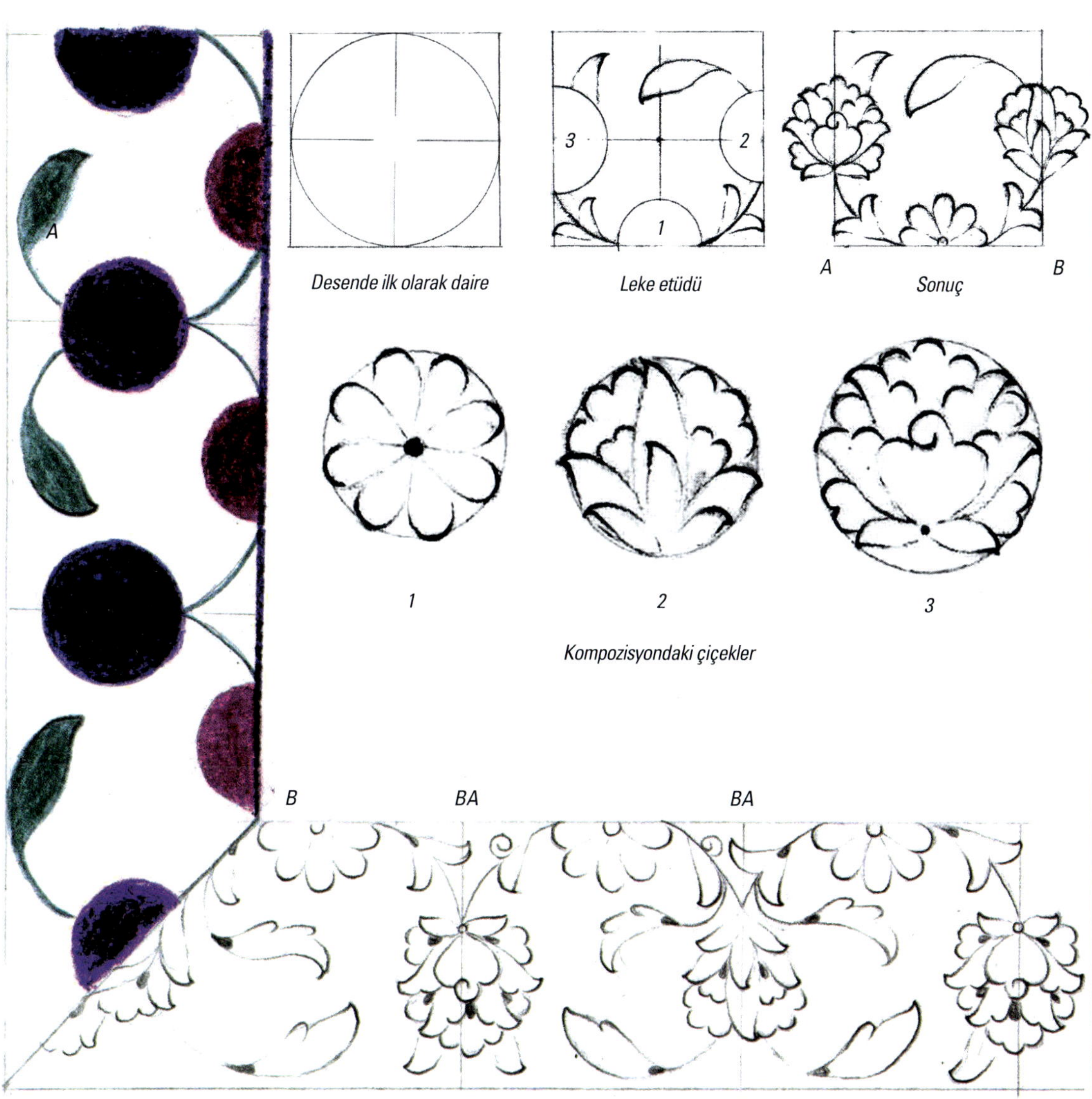

Desende ilk olarak daire

Leke etüdü

Sonuç

1

2

3

Kompozisyondaki çiçekler

Katlama tekniği ile kompozisyon AA - BB şeklinde

b) Es İskeletlerinden Oluşan Kompozisyon: Katlanarak oluşturulan es iskeletlerinin yan yana getirilmesiyle oluşturulan kompozisyondur.

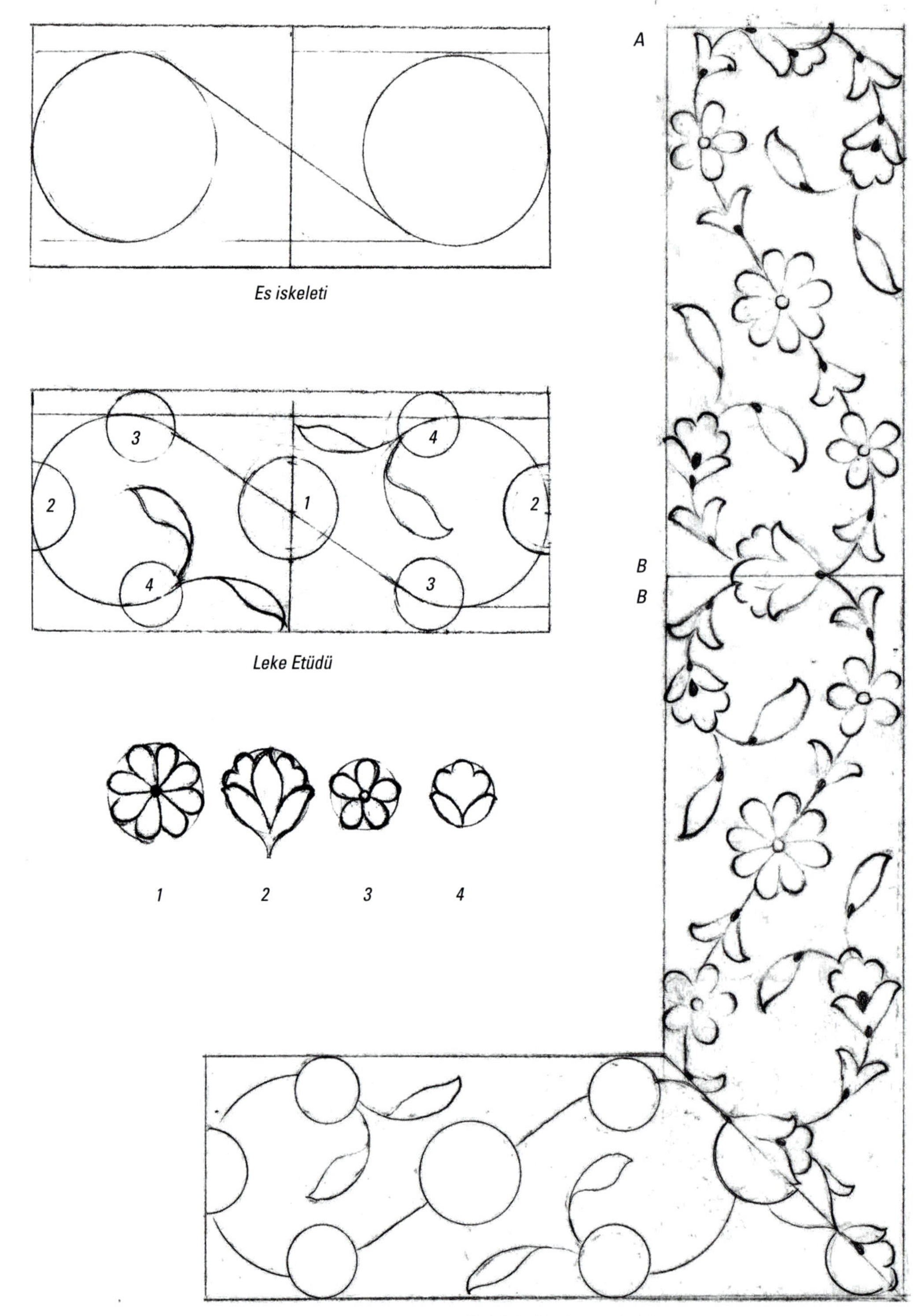

Es iskeleti

Leke Etüdü

Es iskeleti katlama tekniği
AA - BB şeklinde

2. Sürgit Tekniği: Sürgit kompozisyon, belirli bir desenin birbirini takip ederek tezhiplenecek alanın tamamını kaplamasını sağlayan tasarımlardır. Tasarım bütün olarak ölçeklendirilip bir bütün olarak çalışılabileceği gibi ¼ olarak çalışılan bölüm köşeler dahil edilerek tek sayıya ulaşarak devam edilerek de çalışılabilir. Böylelikle köşeler hep doğru yöne dönerler.

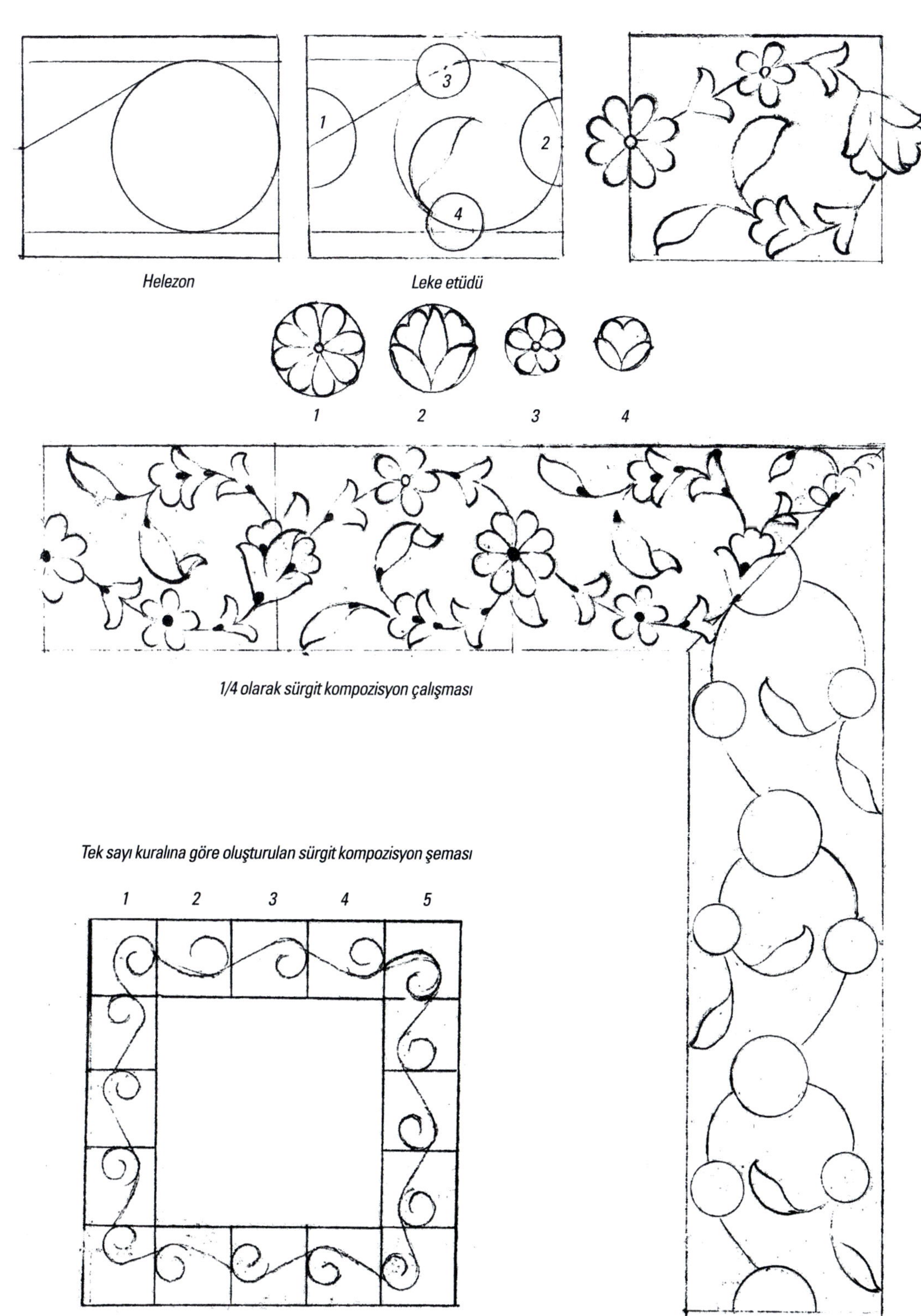

Helezon

Leke etüdü

1/4 olarak sürgit kompozisyon çalışması

Tek sayı kuralına göre oluşturulan sürgit kompozisyon şeması

3. Ulama Tekniği: Birbirine bitiştirip eklemek. Ulamalar katlama tekniği ile oluşturulurlar. Dört yöne de katlanarak devam ederler.

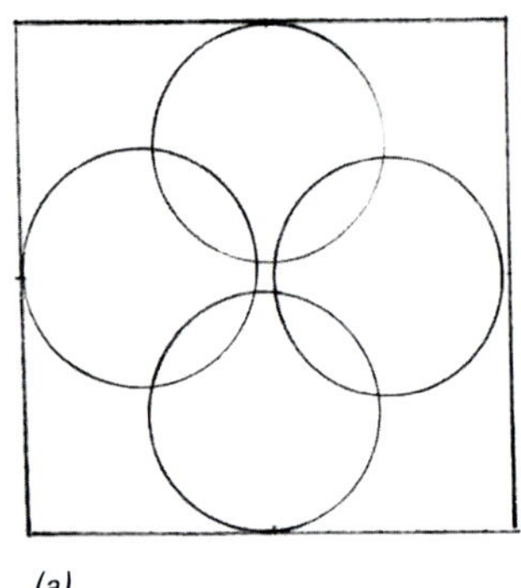

(a)

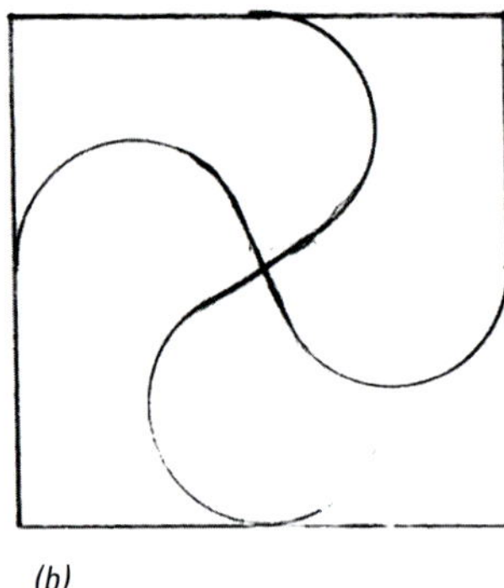

(b)

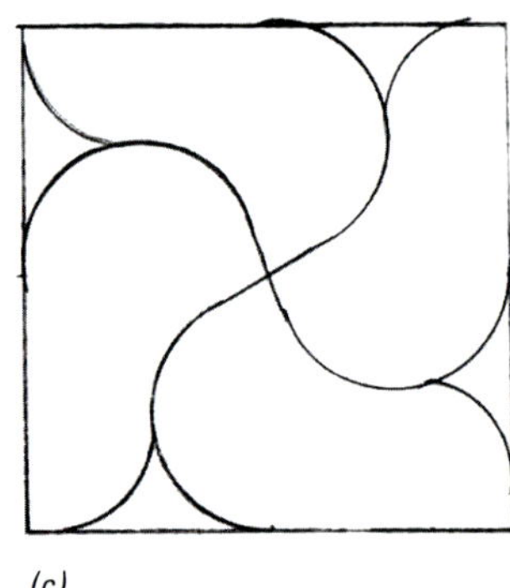

(c)

(d)

(e)

Tığ Deseni

Farsça tiğ (kılıç) kelimesinden gelen tığ, yardımcı eleman olarak, tezhibin bittiği yerden başlayan zarif süslemelerdir. Birbirine paralel olarak uzanan tığlar, uygulanan desene göre çeşitlilik kazanır. Yuvarlak, beyzî veya sadberk tığ desenleri içerisinde aralıklı olarak kullanılabilirler.Tezhipte tığlar kompozisyonda son uygulamadır.

Genel olarak klasik tezhip desenlerinde uygulanan tığların her desende kullanılması gibi bir kural yoktur.

Tığ deseninde ölçülendirme, ana desen yüksekliğinin yarısı kadar olursa daha uygun olur.

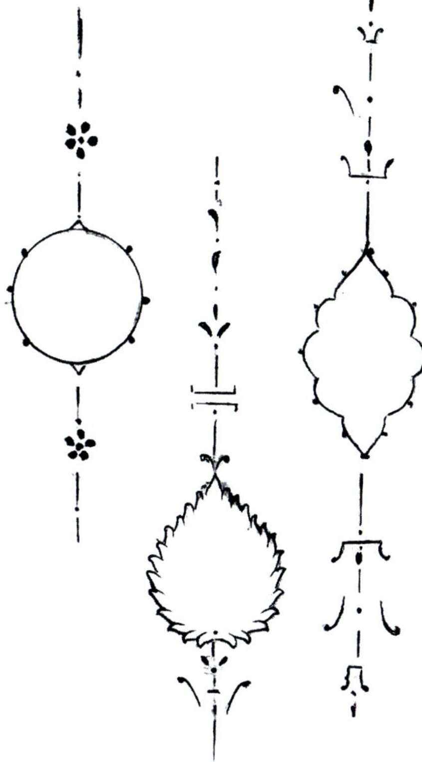

Muhibbî divanından, İÜK T 5467

Şemse Deseni

'Şemse' Arapça güneş anlamına gelen şems sözünden türemiştir. Güneşe benzetildiği için bu ad verilmiştir. Genellikle klasik cildlerimizin kapaklarında genellikle altınlanmış olarak yer alan desendir. Tezhipte en çok kullanılan formlardan biri olan Şemse arzu edilen her alanda kullanılır. Şemse deseni kullanıldığı dönemlerine göre çeşitlilik gösterir.

Son dilim es iskeleti olarak uygulanır ve dilimlerimizin aynı boyutunda ya da 1,5 katı kadar ayarlanır.

Şemse deseninde formun tamamına hakim es iskeleti yerleştirilerek kompozisyon yapılabildiği gibi ¼ ve ½ es iskeletleri oluşturularak ya da daire içine yerleştirilerek desenler oluşturulur.

Şemse Deseni Çizimi

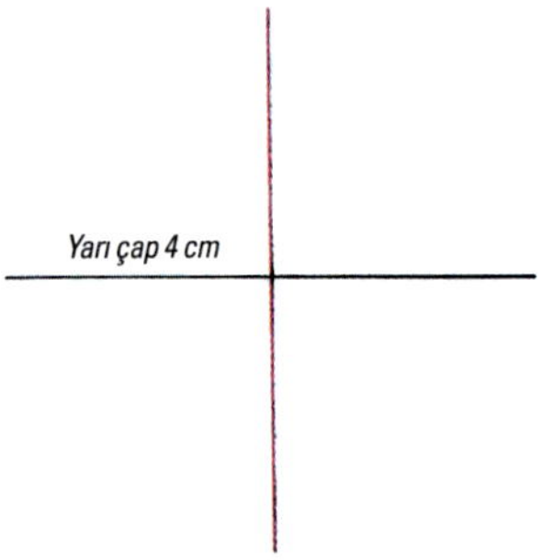

Yarı çap 4 cm

(a)

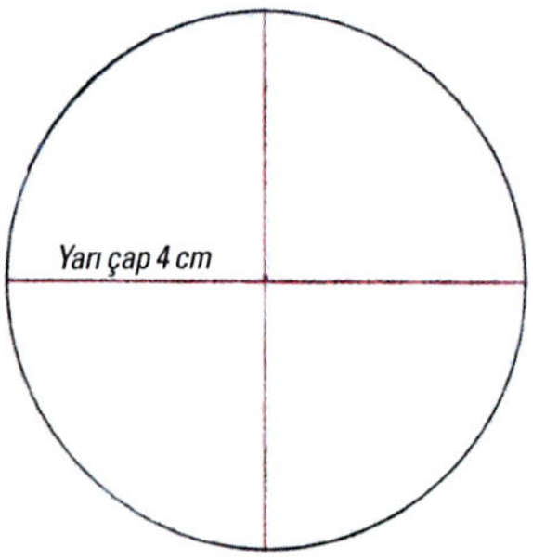

Yarı çap 4 cm

(b)

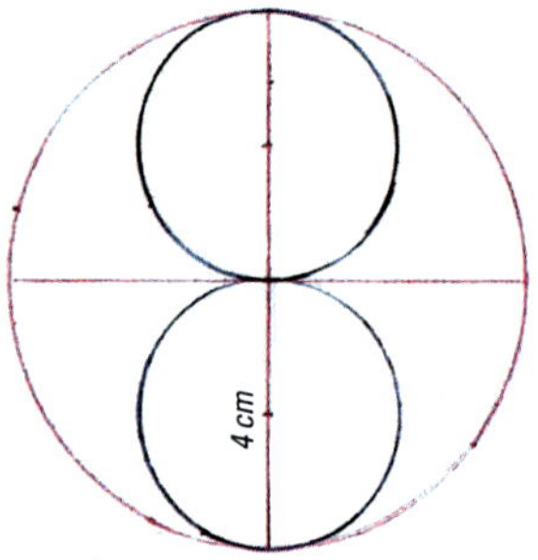

4 cm

(c)

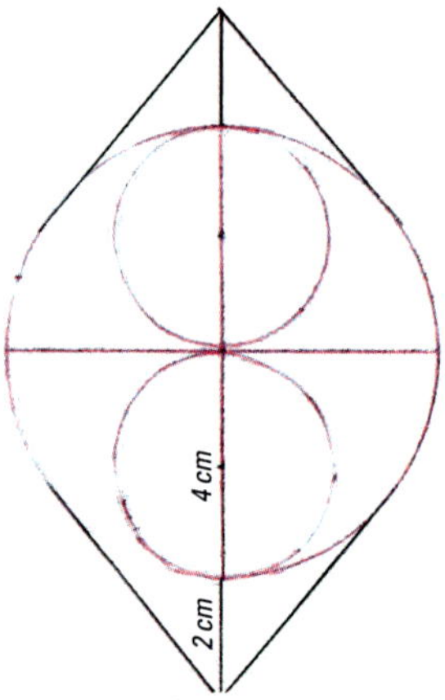

4 cm

2 cm

(d)

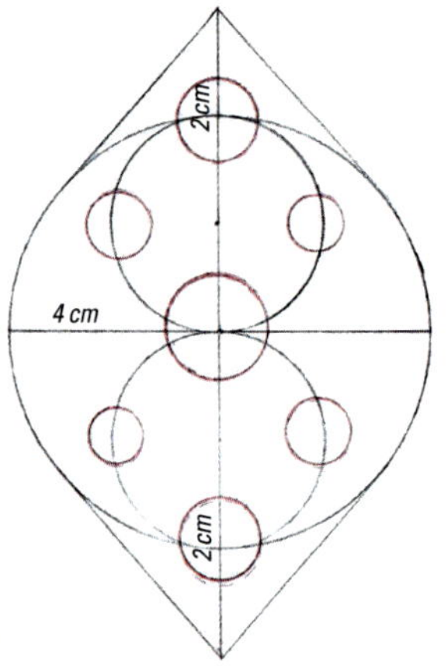

2cm

4 cm

2cm

(e)

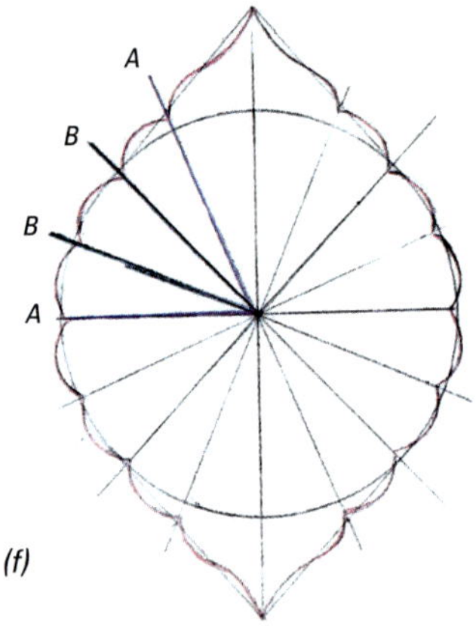

A

B

B

A

Son dilim es iskeleti olarak dilimlerimizin 1 veya 1,5 katı olur

(f)

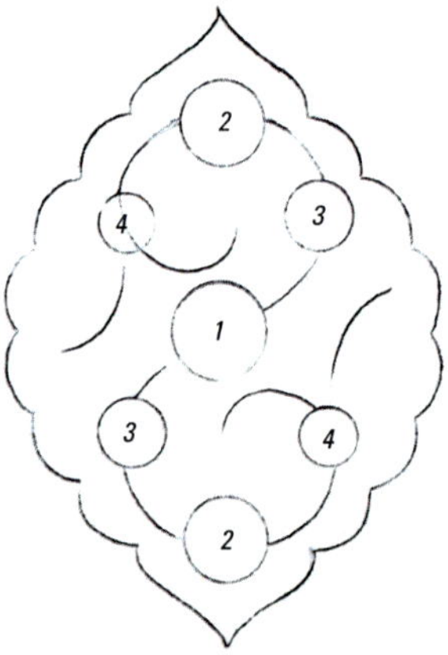

2

4

3

1

3

4

2

Leke etüdü

(g)

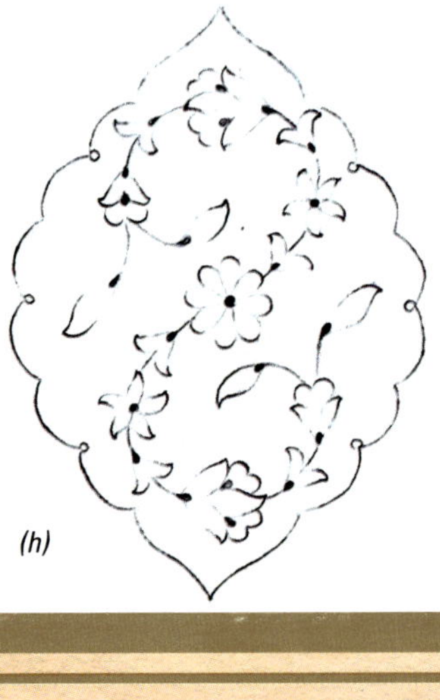

(h)

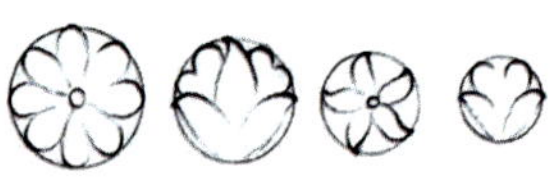

1 2 3 4

Geometrik Desenlerle Kompozisyon

Tezhipte kompozisyonlar üçgen, kare, dikdörtgen, altıgen gibi geometrik formların içerisine de uygulanabilir. Üçgen formun önemi büyüktür. Üçgen form kullanılarak diğer geometrik formlar da oluşturulabilir.

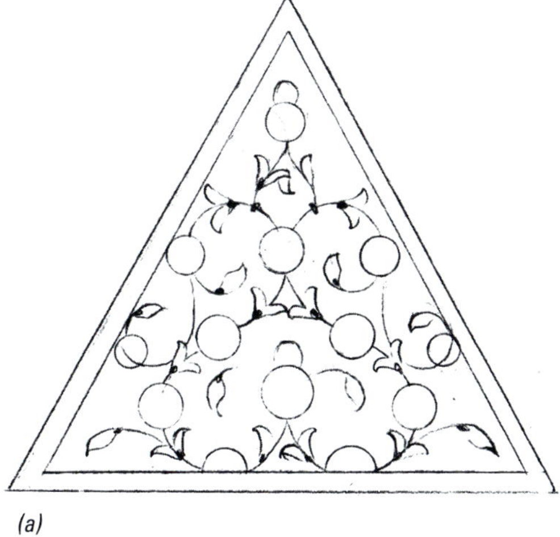

(a)

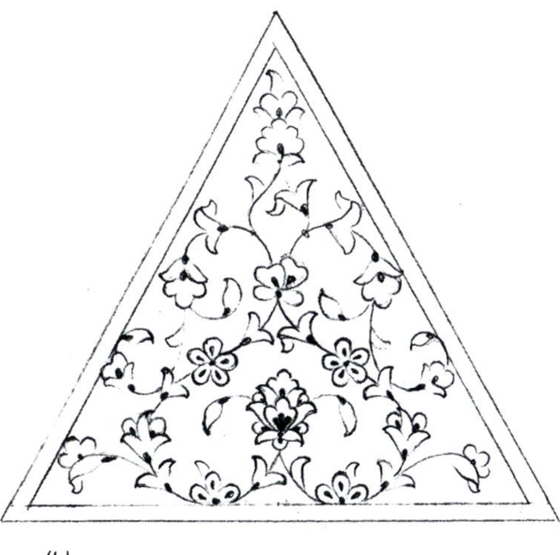

(b)

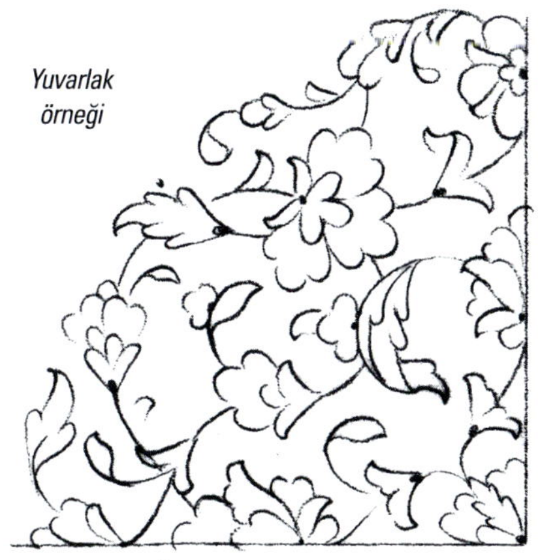

Yuvarlak örneği

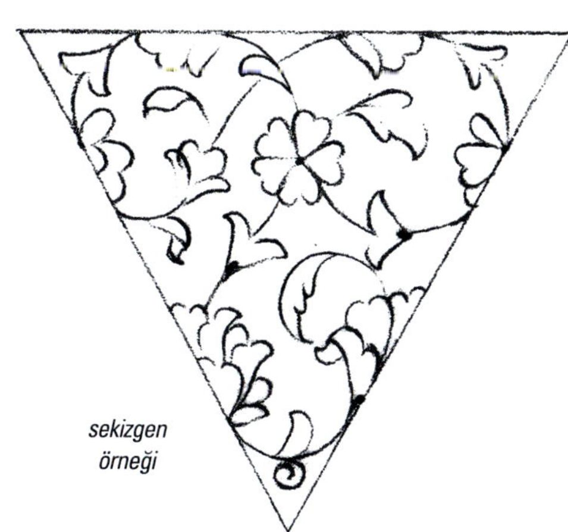

sekizgen örneği

Dikdörtgen örnek

Cetvel ve Zencerek (Geçme)

Cetvel ve zencerekler iki ayrı deseni kurallı bir şekilde birbirinden ayıran bordürlerdir.

Ölçülendirme:

1 mm

2 mm

6 mm

Cetvel;

Kuzu (iplik) 1 mm = 0,75 mm.

Kurt 2 mm = 1,75 mm. ölçümlendirilir.

Zencerek; 4 mm, 6 mm, 8 mm ölçümlendirilir. Geçme üçgen şeklinde olmamalıdır. 4 nokta kuralına göre yapılırlar. Geçmede başlama noktası köşe noktasıdır.

Cetvel ve Zencerek Uygulamaları

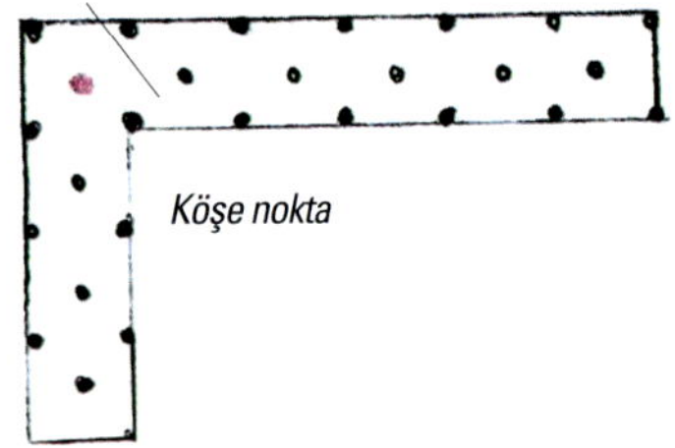

Zencerek Çeşitleri

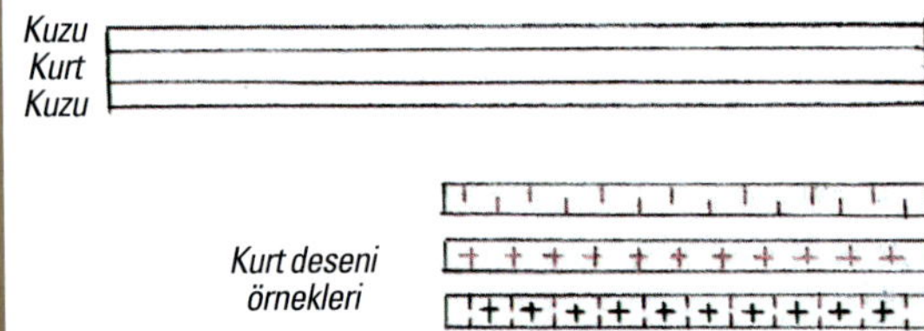

Basit Geçme: Zencerek bir nokta ve bir doğru çizgisinden oluşmaktadır. Bir zencerek deseni oluşturabilmek için 4 nokta şarttır. İki nokta birbirine bağlanırken doğru çizgileri noktaları teğet geçecek şekilde bağlanır.

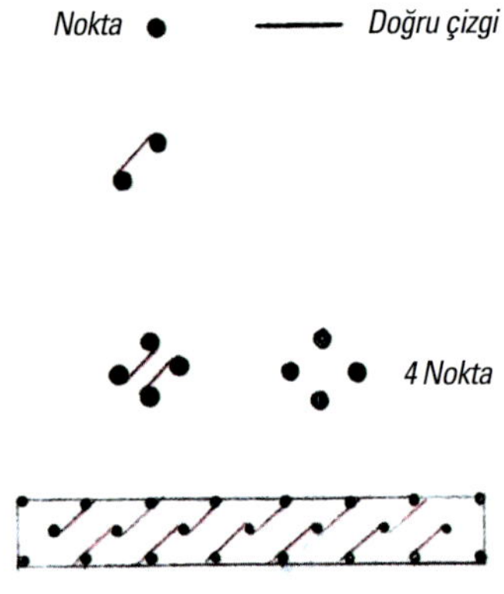

Basit geçmelerde çark kuralı mevcuttur. Bütün doğru çizgileri başlangıçlarından noktaya teğet geçmek zorundadır. Desen hareket ederken çark kuralı uygulaması şarttır.

Desen hareket ederken çark kuralı şarttır.

Anahtarlı Zencerek: Oluşturulan noktanın ortasından diğer noktayı bağlayan çizgi geçmeye başlamadan bazı noktaları kilitlemektedir. Böyle zencerekler anahtarlı zencerek halini alırlar. Anahtarlar enine yahut boyuna çizgiler olabilir. Enine anahtarlarda alt ve üst noktalar iptal olur. Bir desende yalnız enine veya yalnız boyuna çizgiler olabildiği gibi hem enine hem boyuna olmak üzere iki adet anahtar da kullanılabilir.

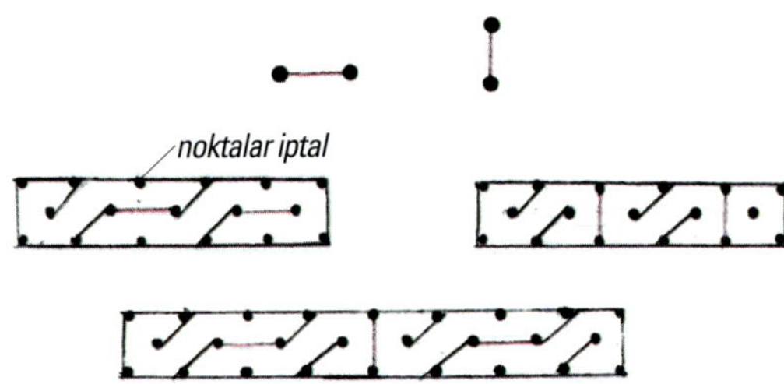

Zencerekler ikili, üçlü ve üzeri kompozisyonlarda kullanılabilirler.

Zencerekte desen çalışmasında başlangıç noktası köşedir.

Zencerekler ikili, üçlü ve üzeri kompozisyonlarda kullanılırlar.

İkili zencerek

İki buçuklu zencerek

Üçlü zencerek

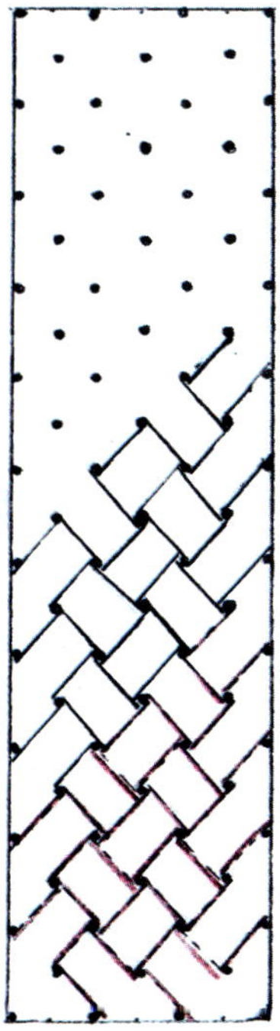

Dörtlü zencerek

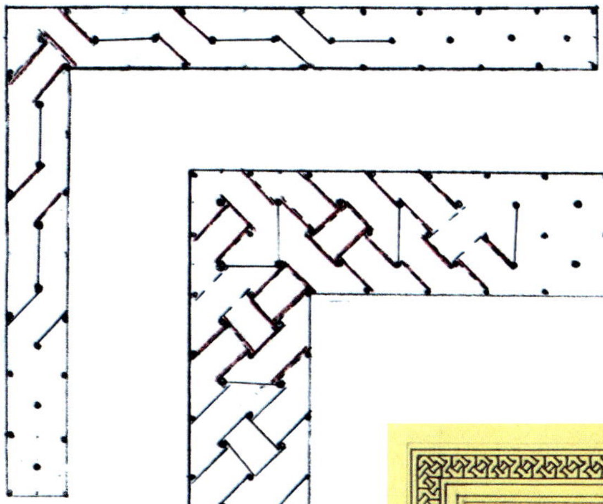

Zencerek desen çalışmalarında başlangıç noktası köşelerdir.

Münhani

Kelime anlamı "eğri çizgi" demek olan münhani, tezyinatta kenar suyu veya müstakil desen olarak kullanılır. Bunlar simetrik olduğu gibi aynı şeklin tekrarı gibi yürüyen desenler de olabilir. Kompozisyonlarda belirli bir hat takip etmeyip daima birbirlerine yapışık olarak yerleştirilirler.

Münhanilere özellikle 11 ve 15. yüzyıllar arasında yazma eserlerin tezyinatında sıklıkla rastlanır. Tabiattan özellikle hayvanlardan ilham alınarak oluşturulduğu düşünülen standart anahtar motiflerden meydana gelirler. Kuş tüylerinin ve balık pullarının üst üste sıralanarak tezyini düşünülür. Anahtar motifler daima birbiri içine geçecek şekilde yığılır. Aralarında bir boşluk bırakmadan yahut çok küçük boşluklar bırakılarak oluşturulabilir. Bordür kenar deseni olarak kullanılabildiği gibi zahriye deseni şeklinde de tasarlanabilir.

Desen yerleştirme: Bir veya fazla anahtar aynı deseni oluşturmak için kullanılabilir. Anahtarların kesitli kenarları simetrilere yerleştirilmelidir. Serbest anahtarlar ise her yerde kullanılabilen anahtarlardır.

İki Anahtar Motifle Desen Oluşturma

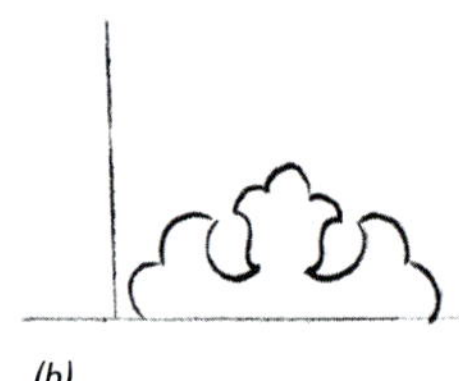

(a)

(b)

Kenar Desen Oluşturma Katlama tekniği AA + BB

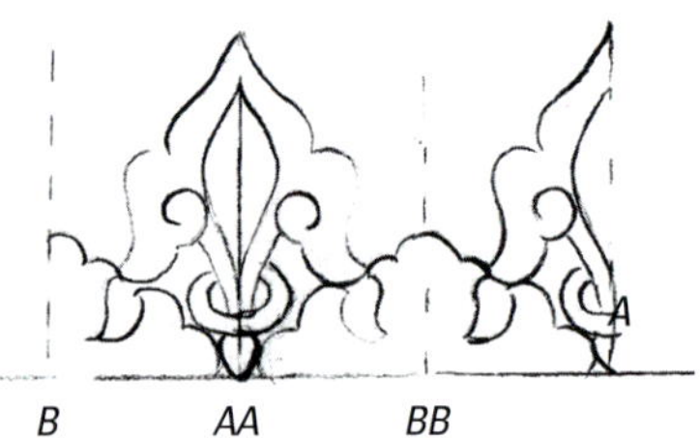

B AA BB

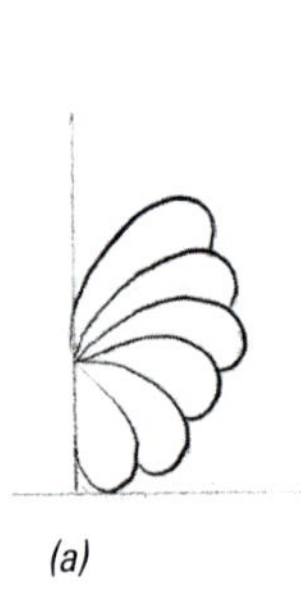

(a)

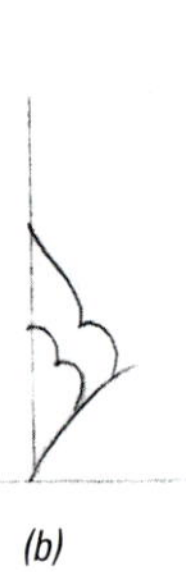

(b)

(c)

Üç Anahtar Motifle Desen Oluşturma

(a)

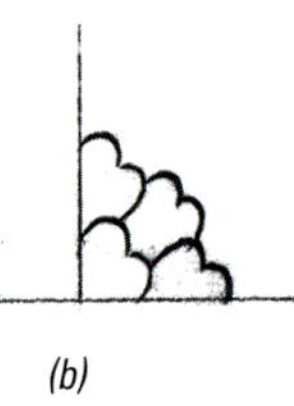

(b)

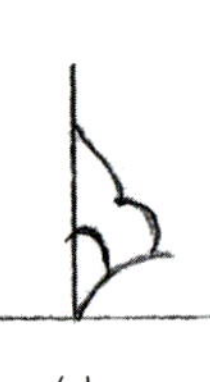

(c)

Münhani Anahtarları

Geçmişten günümüze gelen aşağıdaki anahtarlar, bağımsız olarak birbirleriyle birleştirilerek istenilen münhani deseni oluşturulabilir.

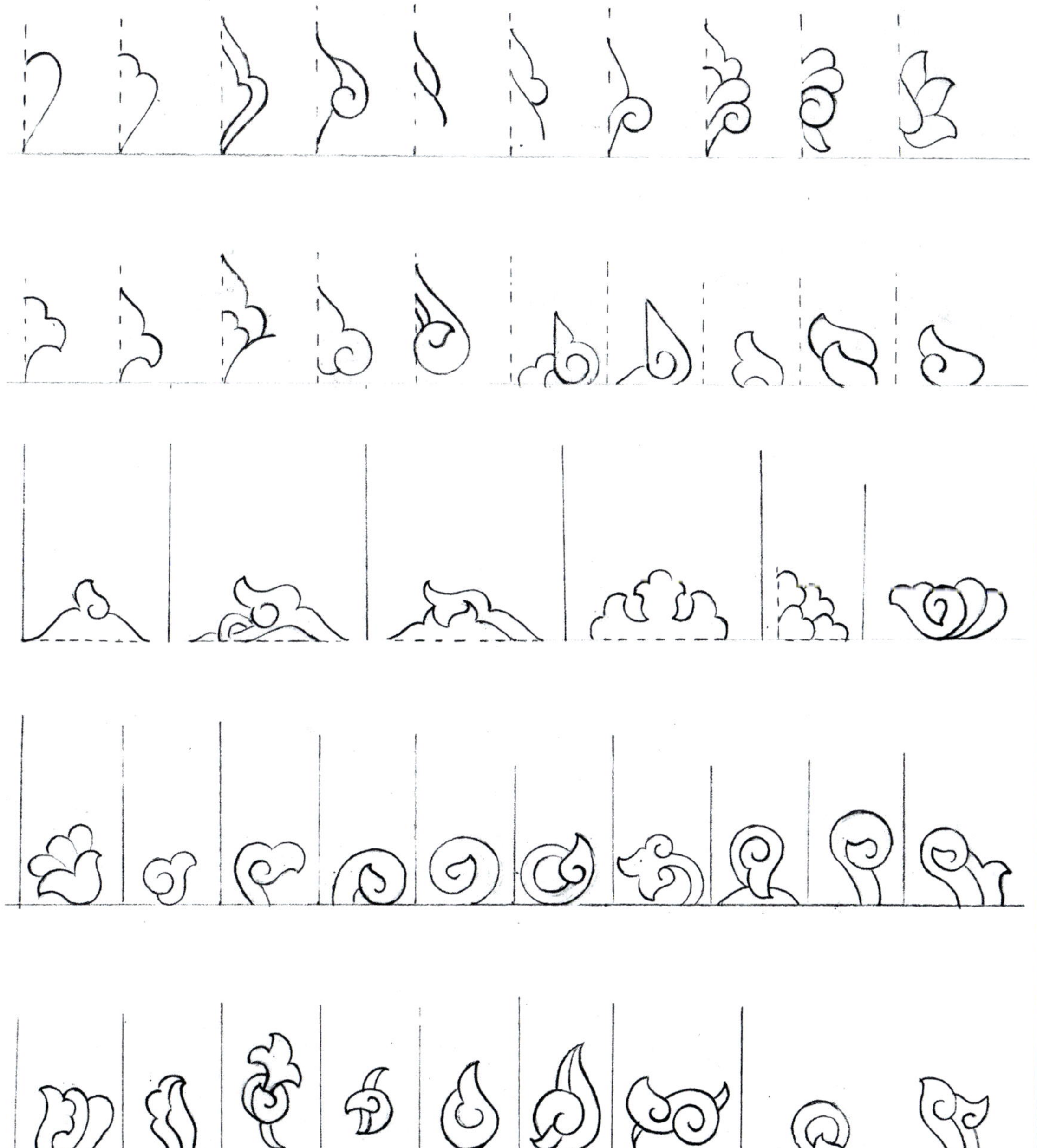

Yarı Üslûplaşmış Çiçekler

Yarı üslûplaşmış çiçekler tabiattaki görünümlerine yakın bir şekilde stilize edilmişlerdir. Stilize edilmiş çiçeklerin hangi çiçekten stilize edilmiş olduğu anlaşılabilir. Bu çiçekler grafik çizim şeklinde stilize edilmişlerdir. Bu çiçeklere örnek olarak lâle, gül, sümbül, papatya, selvi ağacı, bahar dalları gösterilebilir. En çok stilize edilenler bunlar olmasına karşı tabiatta bulunan çiçeklerin tamamına yakını da stilize edilerek kullanılabilir. Yarı üslûplaşmış çiçeklerle tek başına tasarım yapabildiğimiz gibi tezyinatta stilize edilmiş bulut, çintemani gibi formları kullanarak da kompozisyonlar oluşturabiliriz. Yarı üslûplaşmış çiçeklere en güzel örnekler *Muhibbi Divanı* kitabının ve Ahmed Şemseddin Karahisarî mushafında yer alan örneklerdir.

Yarı üsluplaşmış çiçek çizim örnekleri

Muhibbî divanından, İÜK T 5467

Muhibbî divanından, İÜK T 5467

Natüralist Çiçekler nelerdir?

Tabii görünümleriyle tezyin edilen natüralist çiçekler yabancı sanat akımlarının tesiriyle gelişen Barok ve Rokoko üslubunda görülür. Natüralist üslûbun vazgeçilmez motiflerinden biri "Şükûfe"lerdir. Bunlar tek başına ya da buket şeklinde kompozisyon oluşturulabilir. 18. yüzyılın en ünlü çiçek ressamlarından biri olan Ali Üsküdarî hem hatâîleriyle oluşturduğu geleneksel süsleme üslûbuyla hem de natüralist çiçek üslubuyla son derece zarif eserler vermiştir. Natüralist çiçekler lale, gül, zambak, şakayık, kasımpatı, hasekiküpesi, sümbül ve kır çiçeklerinin de yer aldığı geniş bir yelpazeye sahiptir. Vazo içi ve toprak zeminden çıkan çiçek topluluklarında desenin alt tarafından uzayan çiğdem, lale, sümbül ya da gül deseni gibi çiçeklerle kompozisyon tamamlanır. Ayrıca natüralist çiçekler diğer desenlerle de ortak kompozisyonda kullanılabilir.

Naturalist çiçek çizim örnekleri

Ali Üsküdarî fırçasından naturalist çiçekler

Naturalist çiçek ön çalışması

Renklendirilmiş naturalist çiçek çalışması

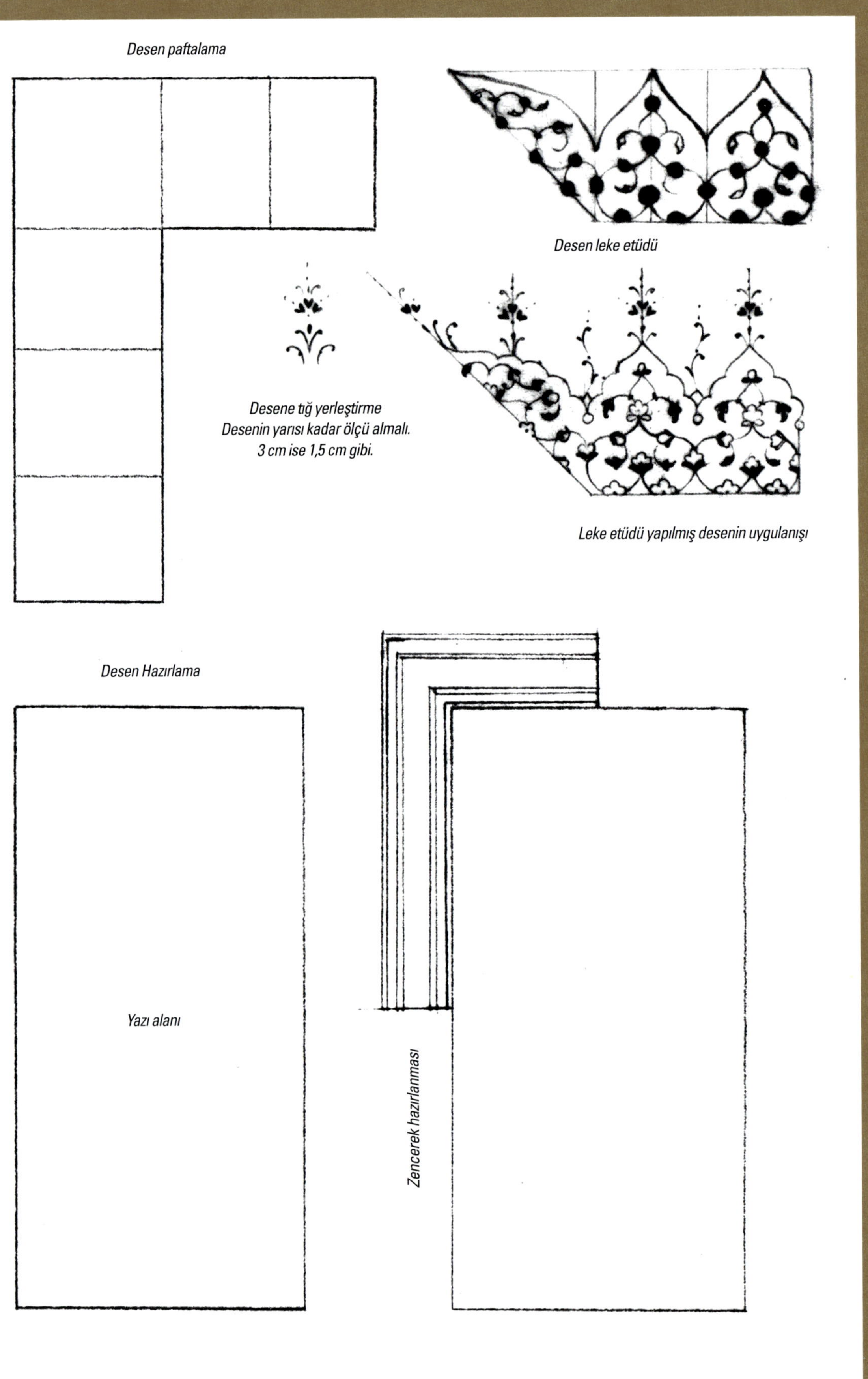
Desen paftalama
Desen leke etüdü
Desene tığ yerleştirme
Desenin yarısı kadar ölçü almalı.
3 cm ise 1,5 cm gibi.
Leke etüdü yapılmış desenin uygulanışı
Desen Hazırlama
Yazı alanı
Zencerek hazırlanması

Fırça çalışması

Tezhipte en çok kullanılan formlardan oluşan bu fırça alıştırmaları, fırçaya hakimiyeti sağlaması açısından dikkat ve sabırla uzun süre çalışılmalıdır.

Eserlerden Örnekler

El yazması kitapların zahriye, serlevha, unvan sayfası, sûre başı, bahir başı, hâtime bölümleri; hüsn-i hat levhalarının, murakka'ların durak, koltuk, satır arası, iç ve dış pervaz bezeme sahaları, yazının içinde veya dışında kalan zemin boşlukları; kitap kabı bezemeleri ve minyatürlerin ayrıntılarındaki zeminler tezhip sanatının değişik teknik ve üslûplarıyla bezenmiştir. Erken dönemde yazılan mushaflarda müslümanlar vahyin dışında hiçbir işaret ve söze yer verilmemesine büyük özen göstermiştir. Fakat zamanla sûre başlarına sûre adının yazılması ve bezenmesi, âyet sonlarına işaret konması, mushafın cüz, hizip ve aşırlara ayrılarak altınla bezenmesi hoş karşılanmıştır. Yazma kitap ve mushaflarda 13. yüzyıldan itibaren gelişmeye başlayan tezhip sanatı Timurlular, Safevîler ve Osmanlılar zamanında en güzel örneklerini vermiştir.

Zahriye tezhibi: Zahriye, yazma kitaplarda esas metnin başladığı sayfanın arkasındaki sayfa veya sayfalar için kullanılan bir terimdir. Bu sayfalar boş bırakıldığı gibi tezhip de işlenebilir. Zahriye tezhibinin madalyon ve mekik şeklinde olanlarının içine yahut dışına bir âyet veya kime ait olduğunu, kimin için yazıldığını belirten ve temellük kitâbesi denilen bir cümle yerleştirilmiştir. Kitap sahiplerinin imzaları veya mühürleri de bu sayfada yer alır. Selçuklular'da, mushaflar hariç zahriyelerde eğer kitap mevki sahibi birine aitse onun özel kütüphanesinde bulunduğu belirtilerek unvanı yazılırdı. Ancak zahriyede, mushaflara ve değerli yazmalara mahsus bu yazılı tertibin yerine bütün sayfayı dolduran bezemenin yapıldığı, hatta bunun bazan karşılıklı bir çift sayfa şeklinde düzenlendiği görülür. Zahriye tezhibi müzehhibin bütün hünerini gösterdiği kısımdır. Karşılıklı çift sayfa olduğunda renkler ve kompozisyon birbirinin aynıdır. Bezeme alanı dikdörtgense tezhibin diğer sayfalardaki yazı sahasını aşmamasına dikkat edilir.

Zahriye tezhibi, Karahisarî mushafından.TSMK H.S. 5

Mushaflarda 4. (10.) yüzyıldan itibaren görülmeye başlanan zahriye tezhibi 11. (17.) yüzyıldan sonraki örneklerinde eski inceliğini kaybetmiştir. Devirlere göre farklı üslûplarda ve kitapların boyuna uygun biçimde farklı şekillerde uygulanmıştır. Zahriye bezemelerinin dikdörtgen, madalyon, beyzî, mekik, kare şeklinde örnekleri vardır.

Serlevha (Dîbâce)/Unvan sayfası tezhibi: El yazması kitaplarda metnin başladığı tezhipli sayfadır. Zahriyeden sonra en gösterişli bezemenin bulunduğu ve yazılı alanın sınırlı tutulduğu, karşılıklı gelen iki sayfaya serlevha/dîbâce adı verilir. Tezhipli kısım, metnin başladığı ilk sayfada ve sadece yazı sahasının üzerinde yer alıyorsa bu sayfaya unvan sayfası adı verilir. Bölüm başı tezhibi (ara başlık, bahir başı, fasıl başı, sûre başı). El yazması kitaplarda fasıl veya bahir adı verilen her bölümün başında bulunan, mushaflarda ise her sûrenin başladığı yeri gösteren tezhipli sahalardır. Mushafların bu kısımlarında sûrelerin isimleri, nâzil oldukları yer, âyet sayısı ve kaçıncı

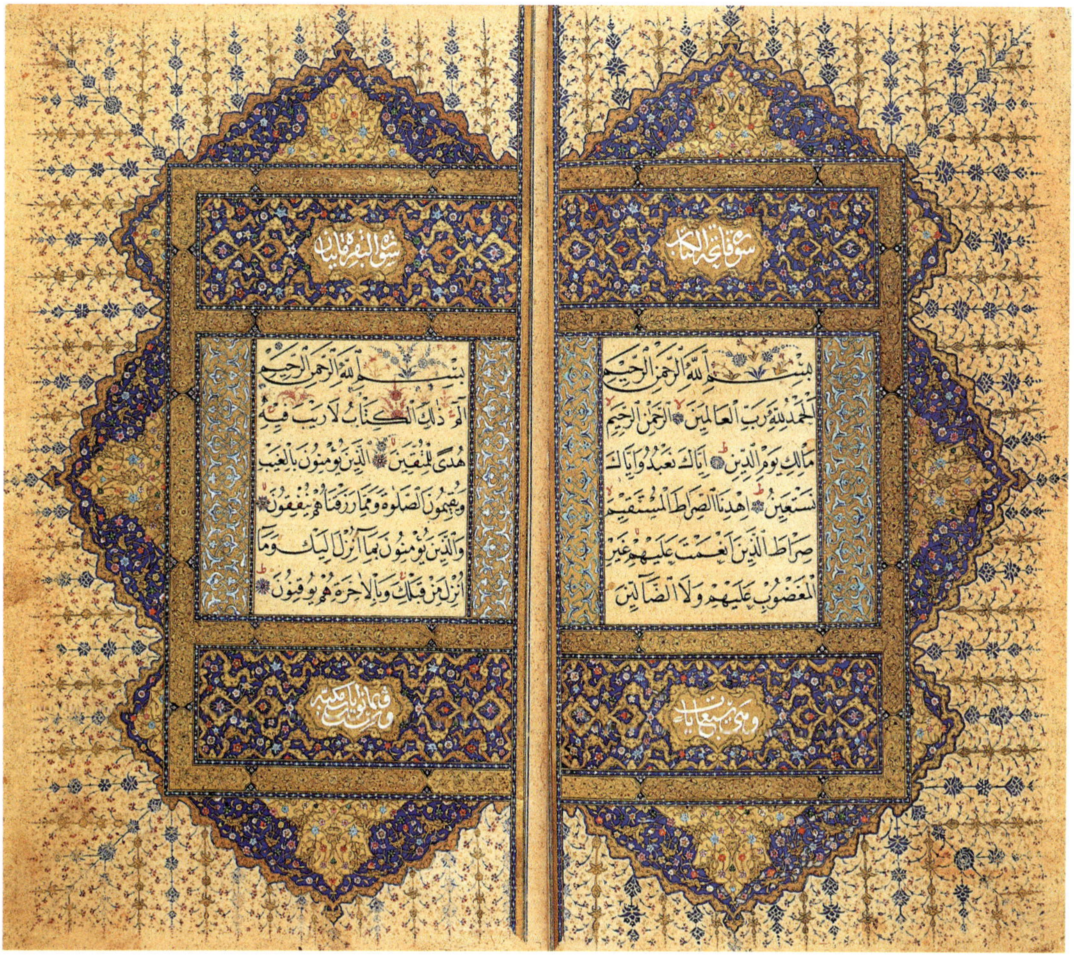

Serlevha, SSM 100-0269

sûre olduğu yazılıdır. Sûre başı tezhiplerinin en erken örneklerinde yazı alanı cetvelsiz, bezeme sûrenin üst tarafında yatay dikdörtgen şeklindedir. 9 -10. yüzyıl sûre başı tezhipleri daha sade, hendesî desenli, enli veya dar şeritlerle yapılmıştır. Sûre başının bezemesiz, sadece altınla yazılarak uygulandığı örneklerde yazı sahası dışına sûre başını işaret eden daire veya armudî bezemelerin (sûre başı gülü) yapıldığı görülür. Bu örneklerde de yazı alanları cetvelsizdir. 6. (12.) yüzyıldan itibaren yazı sahası cetvelli örnekler görülmeye başlar. Yeni bir bölümün veya konunun başlangıcındaki bezemeli sahaların yazıldığı dönemin bezeme üslûbu ve renkleriyle tezhip edilmesi geleneği günümüzde de sürmektedir.

Durak tezhibi: Yazma eserlerde hattatın âyet ve cümle sonlarında bıraktığı boşluğa yapılan, genellikle rozet biçiminde süslü şekillerdir. Durak, okunurken kısa bir süre durulması gereken yerleri işaret eder. Zamanımıza kadar gelen ilk mushaflarda durak işareti her beş (hamse) ve on (aşere) âyette bir konmuştur. Harflerin noktalanmasının ardından mushaf üzerinde yapılan ilk çalışmalarda âyet sonlarına nokta konularak âyetlerin başı ve sonu

Durak tezhibi

belirlenmiş, sahâbe âyet başlarına üç noktadan başka bir ilâvede bulunmamıştır. 14. yüzyıla kadar daha sade tezyin edilen duraklar sonraki devirlerde zenginleşmeye başlar. El yazması kitaplar, kıtalar, levhalar gibi nesir şeklinde yazılan bütün eserlerde kullanılan tezyinî durakların örnekleri en çok görülen çeşitleri helezonî, şeşhâne, pençhâne, mücevher (geçme) ve müzehhep duraklardır.

Satır arası tezhibi (Beyne's-sütûr): Yazma eserlerde satırlar arasında kalan boşluklara yapılan bezemelerdir. Kıymetli yazma kitaplarda, levhalarda satırların arasındaki boşluklar bezenerek esere zenginlik katılmıştır. Yazı sahası zemininde kirlenme, yırtılma gibi bir hasarın söz konusu olduğu durumlarda bu kısımları gizlemek ve satır arasında gereğinden fazla bırakılan boşlukları gidermek için de yapılır. Bu bezemeler tezhip sanatının farklı teknik, üslûp ve desenleriyle işlenmiştir. Çoğunlukla dendanla sınırlandırılan yazıların etrafındaki sahalar, kâğıt rengi veya sadece altın sürülerek bezemesiz bırakıldığı gibi üç nokta ile doldurulan veya daha çok pembe rengin kullanıldığı, sadece ince çizgilerle kafes yahut dalga vb. şeklinde taranarak yapılan örnekleri de vardır.

Ferman, berat, menşur gibi Dîvân-ı Hümâyun'dan çıkan ve bezenmesine gerek duyulan resmî yazılarda satır arası tezhibi yapılmamış, satır araları boş bırakılarak metnin üstünde bulunan tuğranın çevresinde ve zemininde bezemeye yer verilmiştir. Ferman vb. devlet yazışmalarını tezhip bakımından diğer yazma eserlerden ayıran en önemli özellik, yazılı alanın hiçbir şekilde çerçeve içine alınmayışıdır. Tuğranın bölümleri çoğu zaman tezhibin paftalarını oluşturur ve farklı renklere boyanarak değişik motiflerle desen işleme imkânı kazandırır. 16. yüzyıldan itibaren başlayan tuğra bezemesi 17. yüzyıldan sonra Batı etkisiyle tezyinî vasfını gittikçe yitirmiş, güzelliğini kaybetmiştir. Hz. Muhammed (s.a.v)'i tarif ve tasvir eden güzel yazıların belli bir düzene göre levha haline getirilmiş şekli olan hilye-i şerife bezemelerinde satır arası tezhibinin yanı sıra bu tür levhalara has başmakam, göbek, dört halifenin isimleri, âyet ve etek gibi yazı sahaları

Koltuk tezhibi, Karahisarî mushafından. TSMK H.S. 5

arasında kalan değişik biçimlerdeki zeminler tezhip edilmiştir.

Koltuk tezhibi: El yazması kitap ve kıtalarda sülüs, muhakkak veya tevkî' hattıyla uzun tutulan ilk satırın altına nesih, reyhanî yahut rikaa' hattıyla kısa olarak yazılan satırları aynı hizaya getirmek için iki tarafta kalan dikdörtgen veya kare şeklindeki kısımlara ve ta'lik hattıyla eğik biçimde yazılmış kıtalarda yazı ile iç pervaz arasında kalan üçgen boşluklara (muska koltuk) yapılan bezemelerdir.

Kenar suyu (Pervaz) tezhibi: Yazma eserlerde yazı sahası dışında kalan sayfa kenarlarına uygulanan ve çerçeve teşkil eden bezemelerdir. Birden fazla yapıldığında iç tarafta olanına ara suyu (iç pervaz), en dışta ve daha geniş olanına kenar suyu (dış pervaz) adı ve-

Pervaz / Kenar suyu tezhibi, Karahisarî mushafından. TSMK H.S. 5

rilir. Erken döneme ait el yazmalarında sayfa kenarları mushaf gülleri dışında bezemesiz bırakılırken daha sonraki dönemlerde çok kıymetli kitapların sayfa kenarları umumiyetle tezhip edilmiştir. Bezemeler sayfalarda yazı sahasının üç kenarını (bazen dört), levhalarda ise dört kenarını kaplar; hâşiyeli sayfalarda bu kısımlardaki yazının arasında kalan boşluklara tezhip yapılır. 8. (14.) yüzyılın sonları ile 9. (15.) yüzyılın başlarına ait edebî eserlerde eğik satırların arasındaki üçgen boşluklara yaygın biçimde bezeme yapıldığı görülür. Sayfa kenarlarını bezeme geleneği çeşitli konulardaki yazma eserlerde sonraki devirlerde de sürmüştür.

Mushaf gülleri: Mushaflarda sayfa kenarına yapılan tezyinî madalyonlardır. Yazı sahasının dışındaki sayfa boşluğuna okuyan yahut yazan kişiye kolaylık sağlanması için sûrelerin bölünmesinde hamse, aşere; cüzlerin bölünmesinde hizip, nısıf, cüz; secde edilmesi gereken yerleri işaretlemede secde ibaresi yazılır. Metinden ayrılabilmesi için renkli veya zer mürekkeple yazılan bu işaretlere madalyon, mekik, damla ve değişik geometrik biçimlerde tezhip yapılırsa mushaf gülü adını alır. Bunların dışında erken devir mushaflarında görülen zahriye, serlevha, sûre başı ve hâtime sayfalarının tezhibine has mushaf gülleri de vardır.

Mushaf gülleri şöylece sıralanabilir:

1. Hamse gülü: Sayfanın kenar boşluğuna satırın hizasında her beş âyette bir konur.

2. Aşere gülü: Sayfanın kenar boşluğuna satırın hizasında her on âyette bir konur. Her on âyetlik bölümün sonuna "aşr" kelimesinin ilk harfi olan ayın konmuş, böylece bu harf bir aşrın bittiğini ve yeni bir aşrın başladığını gösteren bir işaret olmuştur. Daha sonra ayın harfi yerine bu harfle birlikte tezyinî aşere gülleri kullanılmıştır. Her dönemde daire biçimini koruyan aşere gülleri 11. (17.) yüzyıldan itibaren kullanılmayıp zamanla ortadan kalkmıştır.

3. Hizip gülü: Mushafın otuz cüzünden her birinin dörtte birini göstermek amacıyla bu yerlerin başına konur. 11. yüzyılın sonu ile 7. (13.) yüzyılın başında mushaf hiziplere ayrılmıştır. Erken dönem mushaflarında da rastlanılan hizip gülleri esas olarak 9. (15.) yüzyıldan sonraki mushaflarda görülür. Bu yüzyıldaki hizip yerleri bazan gül, bazan yazı ile işaret edildiği gibi armudî veya yatay mekik yahut şemse biçiminde de işlenmiştir.

Hizip gülü | Aşere gülü

Sûre başı tezhibi, Karahisarî mushafından. TSMK H.S. 5

4. Nısıf gülü: Mushafın otuz cüzünden her birinin yarısını işaret etmek için bu yerlerin başına konan tezyinî madalyonlardır. Nısıf gülü bezemesi yarım cüzün ifadesi olarak yatay ve dikey eksen üzerinde yarıdan bölünmüş şemse biçimindedir.

5. Cüz gülü: Mushafın otuzda biri olan cüzlerin her birinin başladığı yeri belli etmek amacıyla yapılırlar. Erken dönem mushaflarında da rastlanan cüz gülleri, 9. (15.) yüzyıldan itibaren daire ve sıkça yatay eksen üzerine yerleştirilen şemse biçiminde sayfa boşluklarında yer almıştır.

6. Zahriye gülü: Kare veya dikdörtgen şeklindeki zahriye sayfası tezhibine bitişik halde sayfa boşluğuna yatay eksen üzerinde yerleştirilmişlerdir.

7. Serlevha gülü: Serlevha tezhibine bitişik olarak sayfa boşluğuna yapılan süslemledir. Serlevha gülleri 14. yüzyıldan itibaren yavaş yavaş ortadan kalkmıştır.

8. Sûre başı gülü: Mushaflarda sûre başı tezhibine bitişik veya bezemesiz sûre başı yazısı hizasında sayfa kenarında yatay eksen üzerine yerleştirilen süslemelerdir. Erken dönem mushaflarında damla yahut daire şeklindeki sûre başı gülleri iri ve karmaşık desenlidir. 14. yüzyıldan sonra ortadan kalkmıştır.

9. Hâtime gülü: Zahriye gülünde olduğu gibi kare veya dikdörtgen şeklindeki hâtime sayfası tezhibine bitişik olarak yatay eksen üzerinde sayfa boşluğuna yerleştirilen tezyinî madalyonlardır. 14. yüzyıldan sonra terkedilmiştir.

10. Secde gülü: Mushaflarda secde âyetlerinin hizasında sayfanın kenar boşluğuna yapılan tezyinî madalyonlardır. Secde âyeti, Kur'ân-ı Kerîm okuyanın veya dinleyenin secde etmesini gerektiren on dört yerde bulunmaktadır. İlk mushaflarda secde işareti yer almaz. 15. yüzyıldan itibaren tezyinî secde gülleri mushaftaki yerini almıştır.

Hâtime tezhibi (Ketebe veya ferağ kaydı): El yazması kitaplarda bitiş bölümüne yapılan bezemelerdir. Eserin özeti ve neticesi durumunda olan bu bölüm son sözdür. Mushaflarda Nâs sûresinin devamında hattat bitiş duasıyla birlikte imzasını içeren ibareyi, kitabın yazılış tarihini, nerede yazıldığını belirtir (ferağ kaydı). Son sayfada bulunan yazı, âyet veya hattatın imzası da olsa (ketebe) bitişi genellikle ya ikizkenar yamuk veya üçgen şeklinde bir yazı sahası içine yazılır. Yazı satırları yanlardan eşit miktarda kısaltılarak bitirilirken kenarlarda meydana gelen üçgen veya yamuk alanların içi tezhip edilir. Dikdörtgen ve kare biçiminde yapılan hâtime tezhibi sık görülen örneklerdir; daire ve beyzî olanlarına ise nâdiren rastlanmıştır. Hâtime tezhibinin kitabın zahriye ya da serlevha tezhibi gibi karşılıklı tam sayfa tezhipli örnekleri de yapılmış ve değişik konulardaki el yazması kitaplarda aynı usulde uygulanmıştır.

Hat ve tezhip: Arda Çakmak

Tezhip: Hacer Sönmez

Yarı üsluplaşmış çiçekler, Muhibbî divanından, İÜK T 5467

Tezhip: Naşide Sütçüoğlu, hat: Cevdet Tüfekçi

Tezhip: Hacer Sönmez, hat: Faruk Dinçer Eratlı

Karahisarî mushafı, TSMK H.S. 5

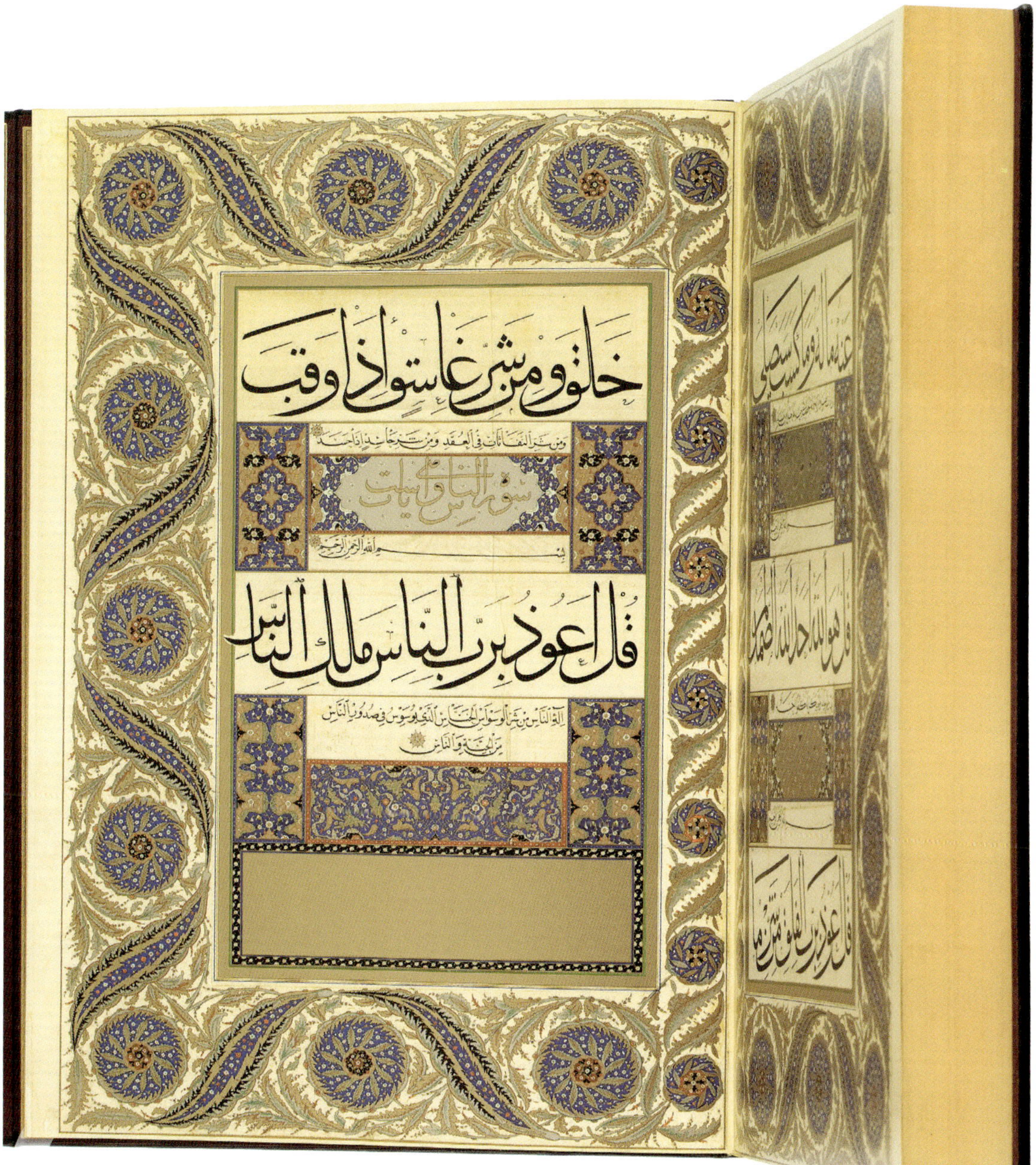

Karahisarî mushafı, TSMK H.S. 5

Karahisarî mushafından detay, TSMK H.S. 5

Karahisarî Mushafı Serlevha, TSMK H.S. 5

Karahisarî Mushafı, detay, TSMK H.S. 5

Serlevha, SSM 100-0057-MS5

Tezhip: Arda Çakmak

Arda Çakmak tezhibinden bir detay

Kaynaklar

AKAR, Azade - KESKİNER, Cahide, *Türk Süsleme Sanatlarında Desen ve Motif*, Tercüman Sanat ve Kültür Yayınları: 2, İstanbul, 1978.

AKBAŞ, Muhsine – ÖZTEKİN, Vesile – TANSI, Ülker – TAŞKAPILIOĞLU, Mükerrem, *Tezhip Sanatında Tığ*, Kültür Bakanlığı Millî Kütüphane Yayınları Ankara, 1991

AKSOY, Şule, *"Kitap Süslemelerinde Türk Barok Rokoko Üslubu"*, Kültür Bakanlığı Sanat Dergisi, Sayı 6, s. 130, 1977.

AKSU, Hatice, *AİHL Tezhip Ders Kitabı*, MEB Ders Kitapları (e-kitap) 2014.

ALPASLAN, Ali vd., *On Bin Türk Motifi Ansiklopedisi*, (tarihsiz)

ARSEVEN, Celal Esad, *Les Arts Decoratifs Turcs* (tarihsiz).

————, "Türk Bezemeleri", *Sanat Ansiklopedisi*, c. 1, İstanbul, 1958.

————, *Türk Sanatı*, Cem Yayınevi, İstanbul, 1984.

ASLANAPA, Oktay, *Türk Sanatı*, Remzi Kitabevi, İstanbul, 1972.

AYVAZOĞLU, Beşir, *Aşk Estetiği*, İstanbul, 1993.

BİNARK, İsmet, *Eski Kitapçılık Sanatlarımız*, Ankara, 1975.

BİROL, İnci A. - DERMAN, Çiçek, *Türk Tezyini Sanatlarında Motifler*, Kubbealtı Akademisi Kültür ve Sanat Vakfı, İstanbul, 1991.

ÇAĞMAN, Filiz, "Osmanlı Sanatı", *Anadolu Medeniyetleri III*, İstanbul, 1983.

DEMİRİZ, Yıldız, "Anadolu Türk Sanatında Süsleme ve Küçük Sanatlar", *Anadolu Uygarlıkları Ansiklopedisi*, c. 5, İstanbul, 1982.

DİYARBEKİRLİ, Nejat, *Başlangıcından Bugüne Türk Sanatı*, Türkiye İş Bankası Kültür Yayınları, İstanbul, 1993.

DERMAN, F. Çiçek, "Tezhip", *İslâm Ansiklopedisi* (TDVİA), c. 41, s. 65-68, Ankara, 2012.

DURAN, Gülnur, "Tezhip", *İslâm Ansiklopedisi* (TDVİA), c. 41, s. 63-65, Ankara, 2012.

GRABAR, Oleg, *İslam Sanatının Oluşumu*, Çev. Nuran Yavuz, Hürriyet Vakfı Yayınları, İstanbul, 1988.

Hat Ve Tezhip Sanatı, (Editör A. Rıza Özcan), Ankara 2009.

KESKİNER, Cahide - AKAR, Azade, *Türk Motifleri*, Türkiye Turing ve Otomobil Kurumu, İstanbul (tarihsiz).

KOÇ, Turan, *İslâm Estetiği*, TDV İslâm Araştırmaları Merkezi, İstanbul, 2010.

ÖGEL, Semra, *Anadolu Selçuklularının Taş Tezyinatı*, TTKB, Ankara, 1987.

ÖNEY, Gönül, *Anadolu Selçuklu Mimari Süslemesi ve El Sanatları*, Türkiye İş Bankası Kültür Yayınları, İstanbul, 1988.

ÖZKEÇECİ, İlhan – ÖZKEÇECİ, Şule Bilge, *Türk Sanatında Tezhip*, İstanbul, 2014.

SEÇKİNÖZ, Mine, *Süsleme Resmi ve Süsleme Sanatları Tarihi*, TTKB, Ankara, 1986.

Türk Ansiklopedisi, "Tezhip ve Tezhipçilik", c. 31, İstanbul, 1998.